全景四川

之24个代表景点

主　编：陈清贵

四川科学技术出版社

图书在版编目（ＣＩＰ）数据

全景四川之 24 个代表景点 / 陈清贵主编 . -- 成都：
四川科学技术出版社，2023.02
ISBN 978-7-5727-0289-1

Ⅰ．①全… Ⅱ．①陈… Ⅲ．①景点－介绍－四川
Ⅳ．① K928.707.1

中国版本图书馆 CIP 数据核字 (2021) 第 192611 号

全景四川之24个代表景点

QUANJING SICHUAN ZHI 24 GE DAIBIAO JINGDIAN

主　编　陈清贵

出 品 人 程佳月
责任编辑 周美池
封面设计 涂鸿洁
责任出版 欧晓春
版式设计 春　春
出版发行 四川科学技术出版社
　　　　　邮编　610023
　　　　　官方微博：http://weibo.com/sckjcbs
　　　　　官方微信公众号：sckjcbs
　　　　　传真：028-86361756
成品尺寸 170mm×240mm
印　　张 12
字　　数 200 千
印　　刷 绵阳文轩阁印务有限责任公司
版　　次 2023 年 02 月第 1 版
印　　次 2023 年 02 月第 1 次印刷
定　　价 68.00 元
书　　号 ISBN 978-7-5727-0289-1

邮购：成都市锦江区三色路 238 号新华之星 A 座 25 层　邮编 :610023
电话：028-86361758

《全景四川之 24 个代表景点》 （中 / 英 / 西 / 日 / 韩）

编　　委

顾　　问：何一民

主　　编：陈清贵

中　　文：杨艳萍　吴　薇　陈紫玉

英　　语：王倩倩　施　政　唐启红　崔锦锦　黄芳力　唐辉艳　陈　旗

西　　语：陈紫玉　米格尔·伊兰迪尔^{（西班牙）}陈　懿

日　　语：罗石巧　生田赖孝^{（日本）}

韩　　语：郑荣爱

审　　校：米格尔·伊兰迪尔^{（西班牙）}

　　　　　邹　微　李　杨　侯光海　戈达·波港^{（毛里求斯）}

图片提供（排名不分先后）：

王　姮　田　田　邹　微　付　琪　文　辉　朱奕名

黄　晶　施　政　许　欢　黄玉蓉　卢建梅　倪　敏

陈清贵　涂哲浩　王倩倩　刘文婷　林映春　欧阳欣岚

项目来源：本书系国家留学基金管理委员会项目资助成果（留金美 [2021]109 号）

前　言

　　天府之国，自古物丰人杰，土沃天阔；自蚕丛鱼凫，大山广川润泽四方先民，孕育了以三星堆、金沙为代表的古蜀文明，成为中华文明的重要发源地和组成部分。

　　巴蜀大地，多以山川逶迤俊秀，粮田阡陌纵横为特点，留下了丰富的人文与自然景观。人间瑶池黄龙彩池缤纷艳丽，童话世界九寨沟纤尘不染，蜀道咽喉剑门关"一夫当关，万夫莫开"；古蜀文化遗址三星堆神秘莫测，"西蜀漏天"蒙顶山，古代农耕文明最璀璨的明珠都江堰水利灌溉工程等，编织出蜀地壮美，山川纵横。

　　《全景四川之 24 个代表景点》一书对四川境内极具代表性的 24 个旅游景点进行介绍，文字洗练朴实，内容贴近观者游客，读之力求有身临其境之感，同时重言美意切。

　　该书以中、英、西、日、韩五种语言呈现，除汉英基本对照外，其余语种所表达的内容则突出重点，并非全译。书稿语言通畅，译文地道准确，图文并茂，是一本介绍四川，服务四川，提升四川对外宣传水平的多语种、高品质通俗读本。

陈德述

2022 年 2 月于西科龙山

目 录

窦圌山

　　窦圌山位于四川省江油市,是剑门蜀道国家级风景名胜的重要组成部分,以险、奇闻名天下,为典型的砾岩丹霞地貌。

　　窦圌山最著名的景观是云岩寺,位于窦圌山的山脊上,背对三座主峰,坐北朝南,是中轴线对称布局的古建筑群,这种建筑布局在全国也十分罕见。早在1956年,它就被列为四川省省级文物保护单位,1987年被评为全国重点文物保护单位。云岩寺始建于唐代,历经唐、宋、元、明、清的佛道之争,最后形成了佛教禅院的布局。现在的云岩寺在中轴线上依次建有山门、文武殿、天王殿、大雄宝殿、霞经楼以及东西配殿和禅房等。在云岩寺的历史上,佛、道二教在文化与建筑方面与云岩寺融为一体,故形成"东禅林,西道观"的奇特格局。

　　此外,窦圌山还有国家重点文物飞天藏。飞天藏又名转轮经藏,俗称星辰车。传统的飞天藏一般都存在于佛教建筑中,用来收藏佛教经书,信众绕其行走,可起念经诵课之用;窦圌山这座飞天藏在全国独一无二,它属于道教的纯木质转轮经藏,修建于南宋年间,距今已有800余年历史。

Douchuan Mountain

Douchuan Mountain, located in Jiangyou City, Sichuan Province, is an important part of Jianmen Shudao National Scenic Spot. It is famous for its narrow path and wonders, and is a typical conglomerate Danxia landform featuring reddish sandstone, high cliffs and various shapes.

The most famous place of Douchuan Mountain is called Yunyan Temple, located on the ridge of the mountain, back to the three main peaks, sitting north to the south, and is the symmetrical layout of the central axis of the ancient buildings, which is also very rare in the country. As early as 1956, it was listed as a cultural relic of Sichuan Province, and in 1987, it was rated as a national key cultural relic protection unit. Yunyan Temple was first built in the Tang Dynasty. The layout of Buddhist Monastery was finally formed after the conflict between Buddhism and Taoism from Tang Dynasty to Qing Dynasty. Now, in the central axis of the Yunyan Temple, Mountain gate, Wenwu Temple, Heaven Temple, the Main Hall, Xiajing tower, East-West Palace and monastic rooms were successively arranged. However, Yunyan Temple integrated the architecture style of Buddhism and Taoism, so they formed the peculiar pattern of "Monastery in the East and Taoist Temple in the West."

In addition, Douchuan Mountain has the national key cultural relic: Feitianzang, also known as the Zhuanlunjingzang (octagonal cabinet with an axis in the center for preserving scriptures) or Xingchenche. The traditional Feitianzang generally exists in Buddhist buildings used to collect Buddhist scriptures. Monks could recite scriptures when they rotate it; the pure wooden Zhuanlunjingzang, which belongs to Taoism in Douchuan

Mountain, is unique in China. It was built in the Southern Song Dynasty and has a history of more than 800 years.

El monte Douchuan

La montaña de Douchuan se encuentra en la ciudad de Jiangyou, provincia de Sichuan, y es parte integrante de la atracción nacional conocida como "camino de Shu" de Jianmen; siendo famosa por su magnífico y desafiante perfil, típico del relieve de la región de Danxia. El templo de Yunyan es el más famoso de todo el Monte Douchuan. Se encuentra en la cima de la montaña y está orientado hacia el sur. Es un conjunto de edificios antiguos de diseño simétrico, lo cual es muy raro en

el país. El Templo de Yunyan fue construido originalmente durante la dinastía Tang. Tras la rivalidad entre el budismo y el taoísmo en las dinastías Tang, Song, Yuan, Ming y Qing, fue finalmente el estilo budista el que prevaleció en el conjunto. Fue catalogado como una unidad de protección de reliquias culturales a nivel provincial en 1956, y en 1987 pasó a formar parte de la lista de Monumentos de la República Popular China. Además, el Monte Douchuan también tiene otro patrimonio cultural clave a nivel nacional, su Feitianzang. Los Feitianzang tradicionales se encuentran generalmente en la arquitectura budista. Se utilizan para guardar escrituras budistas y para el canto y meditación ambulante de las personas religiosas. El Feitianzang en el Monte Douuan es único en todo el país. Como los corredores taoístas, está hecho de madera pura. Fue construido en la dinastía Song del Sur y tiene una historia de más de 800 años.

窦圌山

窦圌山は四川省江油市に位置し、「劍門蜀道」という国家級風景名勝区の重要な一部であり、「険、奇の山」として天下に知られ、典型的な礫岩丹霞地形を有する名所である。この山麓上に座る雲岩寺は3つの主峰を背負い、北に座って南を向き、中軸線を挟んで対称的に配置されている古建築群である。寺は唐の時代に建てられ、その後の歴代の仏教と道教の争いを経て、現在の仏教寺院の様式をなして来た。雲岩寺は1956年に四川省文化財に指定され、1987年には、全国重点文物保護単位に指定された。その他、窦圌山には国家重要文化財「飛天蔵」が陳列されている。「飛天蔵」

とは仏教建築の中に置かれ、仏教経典の収蔵に用いられる仏教道具である。出家者は「飛天蔵」を取り囲んで歩き、読経し、心に刻む修行をなしうる。この「飛天蔵」は全国唯一の木製転輪教典であり、南宋年間に作成され、今日に至るまで既に800年余の歴史を持っている。

두단산

　두단산 (窦圌山) 은 사천성강유시 (四川省江油市) 에 위치하고 검문촉도 (剑门蜀道) 국가급풍경명소의 중요한 구성부분으로 험하고 기이한 산으로 천하에 이름을 날리는 전형적인 역암단하지형 (砾岩丹霞地貌) 이다. 두단산에서 가장 유명한 것은 운암사이다. 두단산의 산등성이에 위치하고 세개의 주봉을 등지고 북쪽에 자리잡고 남쪽을 향하며 중축선이 대칭적으로 구조를 이루는 고대 건축군으로 전국에서 매우 보기 드물다. 운암사는 처음에 당나라 시대에 설립되었고 당나라, 송나라, 원나라, 명나라, 청나라의불 (佛), 도 (道) 상쟁을 거쳐 불교선원 (佛教禅院) 의 구조를 형성했다. 운암사는 1956 년에 사천성성급문물로 지정되었고 1987 년에 전국중점문물보호단위 (国家重点文物保护单位) 로 선정되었다. 그밖에도 두단산에는 국가중점문물 (国家重点文物) 인 비천장 (飞天藏) 도 있다. 전통적인 비천장은 불교 건축에 존재하며 불교 경서를 소장하는데 사용된다. 출가인들이 둘러서서 수업을 읽을 때 사용 할수있다. 두단산은 전국에서 유일한 도교의 순수한 나무로 만들어진 경장으로 남송 연간에 건설 되었고 지금까지 800 여년의 역사를 가진다.

全国重点文物保护单位

金华山—陈子昂读书台

金华山位于四川省射洪市金华镇涪江之滨，因"山贵重而华美"得其名。山势呈马鞍形，分前山和后山，前山是主峰，是道教圣地；后山是古读书台。山中各式殿宇、亭台、楼阁依山就势而筑，雄伟壮观，其中金华观是四川四大名观之一，坐北朝南，至今已有1500多年的历史。后历经明、清时期的多次修缮，现仍保存有完整的殿堂20余座；山中还保留参天古柏1000余株。

陈子昂读书台是金华山的点睛之笔，也是金华山的灵魂所在。因陈子昂曾在这里学成出仕，后人便称之为陈子昂读书台。现在留存的"古读书台"是清道光十年（1830年）将陈子昂古读书台遗址搬迁到金华山后山而修建的一座纪念性的亭台，2006年被国务院列为全国重点文物保护单位。

陈子昂，字伯玉，初唐政治家、文学家、诗人，出生在射洪县（今四川省射洪县）。因一篇《谏灵驾入京书》为武则天所赞赏。曾两次随军出征，因与主帅意见不合，38岁时辞职返乡。后被段简罗织罪名害死，时年42岁。

陈子昂是唐代诗歌革新运动的先驱，主张诗歌创作要有内容和理想，提倡雄健质朴的表现形式，坚决反对言之无物、无病呻吟、专讲辞藻格律的诗作。陈子昂一生创作有120多首诗歌，110多篇散文，被李白和杜甫分别誉为"麟凤""雄才"，被王适誉为"海内文宗"。白居易把陈子昂与杜甫相提并论，曰："杜甫陈子昂，才名括天下。"

Jinhua Mountain-Chen Ziang Reading Platform

Jinhua Mountain is located on the bank of Fujiang River, Jinhua Town, Shehong City. The mountain is saddle shaped, divided into front mountain and back mountain. The front mountain is the main peak and the holy land of Taoism; the back mountain is the ancient reading platform. All kinds of temples, pavilions in the mountains are built in a magnificent way, among which Jinhua Taoist Temple, facing south, is one of the four famous Taoist Temples in Sichuan Province. It has a history of more than 1,500 years. After many repairs in Ming and Qing Dynasties, there are still more than 20 complete halls and more than 1,000 towering cypresses in the mountains.

Chen Ziang Reading Platform, the most remarkable spot of Jinhua Mountain, is the soul of Jinhua Mountain. It got its name because Chen Ziang once studied here. The existing "ancient reading platform" is a memorial pavilion built in the 10th year during the reign of Emperor Daoguang (1821-1850) of the Qing Dynasty

after Chen Ziang's ancient reading platform site was moved to the back of Jinhua Mountain. In 2006, it was listed as a national key cultural relics protection unit by the State Council.

Chen Ziang, also named Boyu, born in Shehong City, is a politician, litterateur and poet in the early Tang Dynasty. One of his essays was highly praised by Wu Zetian (624-705), an empress in the Tang Dynasty and the only empress in China. During his time in the army, he participated in two wars. He left his post at the age of 38 and returned home because he disagreed with the commander in chief. He was later killed at the age of 42 , because he was stigmatized and framed by Duan Jian (a county magistrate).

Chen Ziang was the pioneer of the poetry innovation in the Tang Dynasty. He advocated that the creation of poetry should focus on content and spirit expression instead of mere rhetoric, rhyme and rhythm. He wrote more than 120 poems and 110 essays in his life. He was praised by Li Bai, Du Fu, and Wang Shi as "Lin Feng" (Chinese characters, which compare to a person with outstanding intelligence) ,"Xiong Cai" (Chinese characters, which compare to a person with great talent), and "literary guru". Bai Juyi compared Chen Ziang with Du Fu and said that "Du Fu and Chen Ziang are well known for their talents".

El monte Jinhua-Pabellón de Lectura de Chen Ziang

El monte Jinhua se encuentra a orillas del río Fujiang en el pueblo de Jinhua, condado de Shehong, ciudad de Suining. El pico principal es un lugar sagrado taoísta, y el pabellón de lectura está en la parte posterior de la montaña. Se dice que el gran poeta Chen Ziang estudió aquí antes de convertirse en funcionario, y así ha pasado a la posteridad como el lugar de estudio de Chen Ziang. El lugar de lectura que ahora se conserva es un pabellón conmemorativo construido después de la reubicación de las ruinas. En 2006, el Consejo de Estado lo incluyó entre los Monumentos de la República Popular China. Chen Ziang, político, escritor y poeta de principios de la dinastía Tang, nació en el condado de Shehong. Apreciado por la emperatriz Wu Zetian, combatió en guerras dos veces. Debido a desacuerdos con el mando, renunció y regresó a su ciudad natal a la edad de 38 años. Más tarde fue objeto de calumnias y murió a los 42 años. Chen Ziang es el precursor de la profunda reforma de la poesía en la dinastía Tang. Defendió la creación de una poesía con contenido e ideales, de expresión heroica y simple, y se opuso frontalmente a las formas vanas y rebuscadas. Dejó un legado de más de 120 poemas y más de 110 ensayos.

金華山—陳子昂読書台

　金華山は射洪市金華鎮涪江の濱に位置している 。金華山は前山と後山に分かれ、主峰である前山は道教の名所であり、後山には古読書台がある。奥には、各様式の殿堂や亭台や楼閣などの雄大壮観な建築が山の勢いに沿って建てられている。その中でも、金華観という道観（道教寺院）は四川の四大名観の一つであり、北に座して南を向き、今日に至るまで、1500年余の歴史を有している。金華観は明、清時代の多次にわたる修繕を経て、現在なお、完全な殿堂20座余が残されている。山中に

はなお、参天古柏1千株余を保留しているのである。

　陳子昂読書台は、かつて、陳子昂がここで学を成らしめ、出仕したため、後世の人々はこれを陳子昂読書台と称するのである。現在、残っている「古読書台」は清の道光10年（西暦1791年）、陳子昂読書台遺跡を金華山後山に移転させ、修築した一つの記念的な亭台である。2006年、国務院によって、国家重要文化財に指定された。陳子昂は、唐の初期に活躍した政治家、文学家、詩人であり、射洪県に出生していた。則天武后が賞賛するところとなった彼は、2度にわたり、従軍出征したが、主帥（司令官）と意見が合わず、38歳で辞職し郷里に帰ってきたものの、罪名を着せられ、殺されたのであった。享年42歳であった。陳子昂は唐代の詩歌革新運動の先駆者であり、詩歌の創作は内容と理想を有さねばならないと主張した。壮健質朴な表現形式を提唱し、言葉だけで内容がなく、又、真実味がなく、ただ、むやみに深刻であるかのような態度の詩作に固く反対した。一生で120余の詩歌、110余の散文を創作したのであった。

　금화산 ― 천쯔앙 독서대

　금화산（金华山）은 사홍시금화진부장의빈（射洪市金华镇涪江之滨）에 위치하고 앞산과 뒷산으로 나뉘는데 앞산이 주봉이고 도교성지이며 뒷산은 고대 독서대이다. 산속의 각종 전우（殿宇）, 정자（亭台）, 누각（楼阁）은 산세에 따라 웅대하고 장관하다. 그중에서 금화관（金华观）은 사천의 네가지 유명한 관 중 하나로 북쪽에 자리잡고 남쪽을 향하며 지금까지 1500여년의 역사를 가진다. 그후에 명나라, 청나라 시대에 여러번 수선을 했는데 지금도 온전한 전당이 20여개 보존 되어있고 산에는 하늘을 찌를듯한 고백1천여그루가 보존 되어있다. 천쯔앙 독서대는 천즈앙이 이곳에서 배워 출사 한적이 있어 후세 사람들은 이를 천쯔앙 독서대라고 불렀다. 현재 남아있는'고독서대'는 청나라 도광10년때 천쯔앙'독서대'유적지를 금화산 뒷산으로 옮겨 건설된 기념적인 정자（亭台）로 2006년에 국무원（国务院）에서 전국중점문물보호단위（国家重点文物保护单位）로 선정했다.

천쯔앙은 초당시기의 정치가, 문학가, 시인이며 사홍현(射洪市)에서 태어났다. 무측천(武则天)에게 찬상를 받아 두차례 종군 하였지만 사령관과 의견이 맞지 않아 38세에 사직하고 고향으로 돌아왔다. 그후에 단간(段简)에게 죄명을 뒤집어쓰여 향년 42세에 살해 되었다. 천쯔앙은 당대시가혁신운동(唐代诗歌革新运动)의 선구자이다. 시가 창작은 내용과 이상이 있어야 한다고 주장하고 웅건하고 질박한 표현 형식을 제창하고 내용이 없고 필요 없는 신음소리, 사조와 격률만 강조하는 시를 단호히 반대했다. 일생동안 120여편의 시가와 110여편의 산문을 창작하였다.

海螺沟

海螺沟位于四川省甘孜藏族自治州泸定县境内，距成都 296 千米，是贡嘎山东坡的一条著名冰川。被誉为"蜀山之王"的贡嘎山海拔 7556 米。"贡嘎"是藏语，意思是"高大洁白"，人们形象地将其誉为"至高无上，洁白无瑕"。在贡嘎山周围有 74 条现代冰川，其中海拔最低、体量最大、最为壮观的就是海螺沟冰川。

由于特殊的地理位置，海螺沟形成了有别于青藏高原和四川盆地的独特气候，再加上海螺沟地区巨大的海拔高度差，使这里"一沟有四季，十里不同天"。此外，沟内蕴藏有大面积原始森林和高高的冰蚀山峰，以及大量的珍稀植物、动物资源：有 4000 余种植物，其中有珙桐、大王杜鹃等国家级重点保护植物；还有 400 余种脊椎动物，比如扭角羚、大熊猫等国家一级重点保护动物，小熊猫、黑熊等国家二级保护动物，因此它被当之无愧地称为"植物王国""动物乐园"。

同时这里还拥有出水口温度高达 90 摄氏度的沸泉，大量的热泉、温泉和冷泉，神奇的红石滩，"狼图腾"奇观，拥有"国家级自然保护区""国家地质公园"等多项桂冠，并于 2017 年 2 月成为国家 5A 级旅游景区。

海螺沟冰川属典型的海洋性低海拔冰川，其中较大的一号冰川从贡嘎山上飞奔而下，穿过两旁的悬崖峭壁，在"U"形峡谷里伸入绿色林海达 6 千米，形成冰川、森林、温泉共存的奇特景观。地质学上把这种冰川深入谷地的前沿部分称为"冰川舌"。冰川舌是由冰川冰沿着地表或冰面向雪线以下缓慢移动而形成的。海螺沟冰川舌现长 6 千米，宽 0.4 ~ 0.7 千米，推算最厚 100 ~ 130 米，冰川大约形成于 1600 年以前。冰川运动中形成了观赏价值极高的冰川断裂带，十分壮观。最重要的是，冰舌前沿海拔仅仅只有 2 850 米，男女老幼都可以登上去。海螺沟冰川舌有三大特点：不冷、构造千奇百怪、灰头土脸。人们可以站在冰川上欣赏两旁峡谷之上翠绿的树木与皑皑冰雪共存的奇妙景象。

磨西古镇是海螺沟风景区的外围保护地带，坐落于贡嘎山东坡磨西河畔

的磨西台地，长约 10 千米，宽仅 0.2～1.2 千米。"磨西"一词为古羌语，意为"宝地"，是从东坡攀登贡嘎山的必经之地。如果从高处俯瞰，整个台

地北高南低，与两侧山脚形成"U"字形的两条河流相生相融，自北而南，由宽变窄，仿佛卧在大山峡谷之中的一条巨龙。而这条巨龙，还承载着当地两个乡镇 6 000 余名百姓的生活日常。1935 年，红军进驻甘孜藏族聚居区，将磨西古镇作为了进藏的第一镇，在中国近现代革命史上书写了重要的篇章。当年的 5 月 29 日，毛泽东与周恩来、邓小平等在磨西镇上的天主教堂里召开会议，研究北上抗日方针，这便是历史上著名的"磨西会议"。

Hailuogou

Hailuogou, located in Luding County, Ganzi Tibetan Autonomous Prefecture of Sichuan Province, 296 kilometers from Chengdu, is a famous glacier on the eastern slope of Gongga Mountain with an altitude of 7,556 meters. It is called "King of Sichuan Mountains". "Gongga" is a Tibetan word, meaning "tall and white". People praise it as "supreme, white and flawless". There are 74 modern glaciers around Gongga Mountain, of which the lowest altitude, the largest volume, the most spectacular is the Hailuogou glacier.

Due to its special geographical location, Hailuogou has formed a unique climate different from the Qinghai-Tibet Plateau and the Sichuan Basin. In addition, the huge elevation difference in the Hailuogou area makes it a place with four distinctive seasons, and variable weather even in the places close to each other. Hailuogou also has a large area of primitive forests, high ice-covered peaks and a large number of rare animal and plant resources: more than 4,000 plant species, including dove tree, Rhododendron, and other national key protected plants. There are more than 400 kinds of vertebrates, including national first-class and second-class protected animals like takin, giant panda, the red panda, and black bear, thus it has the name of "the Kingdom of plants" and "the paradise for animals".

At the same time, it has boiling springs with an outlet temperature up to 90 degrees centigrade (194 Fahrenheit), a large number of hot springs, warm springs and cold springs. Besides, it also has a magical scenery of red rock beach and a wolf-like mountain. Hailuogou was listed as "National Nature Reserve" and "National Geopark", and in February 2017, it became a national 5A level tourist attraction.

Hailuogou glacier is a typical low-altitude marine glacier. One of the large

glacier, Glacier No. 1, rushes down the Gongga Mountain, passes through the cliffs on both sides, and extends into the green forest for 6 kilometers in the U-shaped gorge, forming a wonderful landscape where glaciers, forests and hot springs coexist. The front part of the glacier that extends into the valley is called the "glacier tongue". Glacier tongues are formed by the slow movement of glacier ice along the surface of slope. The Hailuogou glacier tongue is 6 kilometers long and 0.4-0.7 kilometers wide. It is estimated to be 100-130 meters thick. The glaciers were formed around 1600 years ago. The moving of the glacier formed a glacier fault zone with a high ornamental value, which is very spectacular. Most importantly, the front edge of the ice tongue is only 2,850 meters above the sea level and can be climbed by people of different ages. Hailuogou glacier tongue has three characteristics: not cold, strange structure and gray color. People can stand on the glacier and enjoy the wonderful sight of green trees and snow on both sides of the gorge.

Moxi ancient town is the outer protection zone of Hailuogou Glacier Park. It is located on the Moxi Terrace on the bank of the Moxi River on the east slope of

Gongga Mountain. It is about 10 kilometers long and only 0.2-1.2 kilometers wide.

"Moxi" is an ancient Qiang word, meaning "treasure land", which is the only place to climb Gongga Mountain from the east slope. If viewed from a high place,

the whole terrace is high in the north and low in the south, blending with the two rivers and forming a "U" shape at the foot of the mountain. From top to bottom, it becomes narrower like a giant dragon lying in a large gorge. The "dragon" provides more than 6,000 people in two local towns with living necessities. In 1935, the Red Army entered the Ganzi Tibetan Autonomous Prefecture, making the Moxi ancient town first town to enter Tibet and writing an important chapter in China's modern revolutionary history. On May 29th of that year, Mao Zedong, Zhou Enlai, Deng Xiaoping and other comrades held a meeting in the Catholic Church in Moxi Town to study the Northward Anti-Japanese Policy, that is, the famous "Moxi Conference" in Chinese history.

Hailuogou

Hailuogou se encuentra en el condado de Luding, prefectura de Ganzi, provincia de Sichuan, a 296 kilómetros de Chengdu, y es un famoso glaciar en la ladera oriental del Gongga. El Gongga, "el Rey de la montaña de Sichuan", asciende hasta los 7.556 metros sobre el nivel del mar y es el décimo quinto pico más alto del mundo. Debido a su ubicación geográfica especial, Hailuogou disfruta de un clima único diferente del de la meseta Qinghai-Tíbet y la cuenca de Sichuan; además las grandes diferencias de altura dan lugar a que, según el dicho, junto al glaciar haya "cuatro estaciones y climas diferentes". En torno al glaciar hay además una gran área de bosques vírgenes y altos picos helados, con gran variedad de especies animales y vegetales autóctonas: se cuentan más de 4.000 especies de plantas, incluidas especies con protección prioritaria a nivel nacional; más de 400 vertebrados,con protección nacional de primera y segunda categoría, que hacen de esta reserva un paraíso de la naturaleza salvaje. Al mismo tiempo, también tiene manantiales hirvientes con aguas a 90 grados centígrados, gran cantidad de aguas termales, manantiales fríos, una playa mágica de roca roja en la que las verdes montañas reflejan una sombra semejante a un lobo. Goza de muchos títulos como "Reserva Natural Nacional" y "Parque Geográfico Nacional", y en febrero de 2017 se convirtió en una atracción turística nacional de nivel 5A.

海螺溝

海螺溝は甘孜州瀘定県内に位置し、距離は成都から296キロメートル、貢嘎山東坡の一本の有名な氷河である。「蜀の山の王」と讃えられる貢嘎山は海抜7556メートルである。特殊な地理的位置により、海螺溝は、青蔵高原と四川盆地の独特な気候を形成し、さらに、海螺溝地区の巨大な高低差が加わることによって、ここを、「一つの溝に四季が有り、十里で天を同じくしない」ものとさせているのである。この他、溝内には大面積の原始森林と氷河が削った高い山峰があり、大量の珍しい植物資源がある。ここ

には4000種余りの植物があり、その中には、鳩の木、大王つつじ等の国家級の保護植物も存在している。さらに、400種の脊椎動物もいて、それらは、国家一級重点保護動物と国家二級保護動物であり、その名に恥じない「植物王国」、「動物楽園」となっている。さらに、当地は90度に達する湧水、大量の温泉、冷泉の出口を有し、神秘の紅石灘、「狼図騰」の奇観は「国家級自然保護区」、「国家地質公園」等、多くの称号を持ち、かつ、2017年2月には、国家5A級風景名勝区となった。

해라구

해라구는 사천성깐쯔주루딩현 (四川省甘孜藏族自治州泸定县) 에 위치하고 성도 (成都) 와 296 킬로미터 떨어져 있으며 공가산 (贡嘎山) 동쪽 언덕의 유명한 빙하이다 . ' 촉산의 왕 (蜀山之王)' 으로 불리는 공가산은 해발 7556 미터 이다 . 특별한 지리적 위치로 인해 해라구는 칭짱고원 (青藏高原) 과 사천분지 (四川盆地) 와 구별되는 독특한 기후를 형성했고 해라구 지역은 거대한 고도차를 가져서 이곳은 ' 한 도랑은 사계절이 있고 , 십리 길은

날씨가 다르다 (一沟有四季 , 十里不同天)' 고 한다 . 그밖에 큰 면적의 원시림과 높은 빙식 산봉우리가 있고 대량의 희귀한 식물 , 동물 자원이 있다 . 여기에는 400 여 가지 식물이 있는데 그중에는 오동나무와 대왕 두견새 등 국가급중점보호식물 (国家重点保护植物) 도 있고 400 여가지 척추 동물도 있다 . 예를 들어 트위스트영양 , 판다등 국가 1 급 중점 보호 동물 , 새끼판다 , 흑곰등 국가 2 급 보호 동물도 있어서 ' 식물의 왕국 ', ' 동물의 낙원 ' 으로 손색이 없다 .

동시에 이곳은 배수구가 90 도에 달하는 끓는 샘물 , 대량의 뜨거운 샘물 , 온천과 차가운 샘물 , 신기한 홍석탄 , ' 늑대토템 (狼图腾)' 이라는 진기한 광경과 ' 국가급 자연보호구 ', ' 국가지질공원 ' 등 여러개의 계관이 있으며 가지고 2017 년 2 월에 국가 5A 급 관광지로 되었다 .

张大千纪念馆

张大千纪念馆位于四川省内江市东兴区东桐路圆顶山，占地面积20973平方米。与四川省文物保护单位——西林寺相邻，南濒甜城湖，与内江大洲广场隔河相望，北俯大千广场和张大千美术馆。1992年9月11日中秋佳节，张大千纪念馆正式对外开馆。2009年，张大千纪念馆纳入全国博物馆、纪念馆、美术馆免费开放序列。2013年7月，张大千纪念馆通过国家文物局专家组考核验收，成功入围国家三级博物馆。

张大千（1899—1983），原名张正权，四川省内江市人。他的画路宽广，山水、人物、花鸟、虫鱼、走兽等，无所不工。1949年，张大千赴印度展出书画，此后便旅居阿根廷、巴西、美国等地，并在世界各地频频举办个人画展。他被西方艺坛赞为"东方之笔"，与西画泰斗毕加索齐名，并称为"东张西毕"。此外，他还荣获了国际艺术学会的金牌奖，被推选为"全世界当代第一大画家"，并被世界舆论称为"当今世界最负盛誉的中国画大师"。张大千晚年仍孜孜不倦从事中国画的开拓与创新，在全面继承和发扬传统的基础上，开创了泼墨、泼彩、泼写兼施等画风新貌，给中国画注入了新的活力，影响广泛而深远。

Zhang Daqian Memorial Hall

Zhang Daqian Memorial Hall, covering 20,973 square meters, is located in Yuanding Hill, Dongtong Road, Dongxing District, Neijiang city in Sichuan province. It is next to Xilin Temple, a cultural relic protection unit in Sichuan province and is close to Tiancheng Lake in the south, Daqian Square and Zhang Daqian Gallery in the north and it is next to the Neijiang Dazhou Square with a river in between. Zhang Daqian Memorial Hall was officially opened to public on September 11th, the Mid-Autumn festival of 1992. In 2009, Zhang Daqian Memorial Hall was free of charge. In July 2013, it passed the assessment of National Cultural Heritage Administration and was listed as a national third-class museum.

Zhang Daqian (1899-1983), formerly known as Zhang Zhengquan, was born in Neijiang City of Sichuan Province and was good at painting various objects including landscape, figures, flowers and animals. In 1949, Zhang Daqian went to India to hold an exhibition of his paintings and calligraphy works and since then he resided temporarily in Argentina, Brazil, the United States and other countries, and held his personal exhibitions across the world. He was praised by the western art world as "the pen of the east" and enjoyed equal popularity as Picasso in painting. In addition, he also won the gold medal of International Art Institute, and was elected as "the most prestigious Chinese painting master in the world". In his later years, Zhang was still diligently engaged in the exploration and innovation of Chinese painting. On the basis of comprehensively inheriting and developing the traditional paintings, he innovated ink-splashing style, pigment-splashing style, and many other new painting techniques which injected new vitality into Chinese painting and exerted an extensive and profound influence on it.

El Museo de Zhang Daqian

El Museo de Zhang Daqian se encuentra en la montaña Yuanding, en la ciudad de Neijiang, provincia de Sichuan, y dispone de una superficie de 20.973 metros cuadrados. Está al lado del Templo Xilin, una unidad de protección de patrimonio cultural en la provincia de Sichuan, y del Lago de Tiancheng más al sur. La Plaza de Daqian y el Museo de Arte de Zhang Daqian están en el norte y justo al otro lado del río se encuentra la Plaza de Neijiang Dazhou. El museo se inauguró oficialmente en el Festival del Medio Otoño el 11 de septiembre de 1992. En 2009, se incluyó dentro de la categoría de atracciones culturales con entrada gratuita. En julio de 2013, el Museo de Zhang Daqian fue objeto de evaluación por parte del grupo de expertos de la Oficina Nacional de Reliquias Culturales pasando a formar parte de la lista de museos nacionales de tercer nivel.

El pintor Zhang Daqian (1899—1983), anteriormente conocido como Zhang Zhengquan, nació en la ciudad de Neijiang, provincia de

Sichuan. Los temas de sus pinturas son variados e incluyen paisajes, figuras, flores y pájaros, insectos, animales, etc. Fue alabado como el "Pincel del Este" por la crítica artística occidental, y tiene tanta reputación en China como Picasso en Europa. Recibió además la Medalla de Oro de la Sociedad Internacional de Arte y fue elegido como "el pintor contemporáneo más grande del mundo"; tiene fama de ser el maestro de pintura chino más prestigioso de la época contemporánea. Se dedicó infatigablemente y hasta sus últimos días al desarrollo e innovación de la pintura china, sobre la base de una herencia y tradición integrales, confiriéndole una nueva vitalidad. El alcance y la extensión de su influencia aún se dejan sentir.

張大千記念館

張大千記念館は内江市東興区東桐路頂山に位置し、20973平方メートルを占めている。四川省文化財保護単位－西林寺と隣り合い、南は甜城湖に

接し、内江大洲広場とは河を挟んで向き合い、北は大千広場と張大千美術館を見下ろしている。1992年9月11日の中秋節に、張大千記念館は正式にオープンした。2009年、張大千記念館は無料開放になった。2013年7月、張大千記念館は国家文物局の審査を通過し、国家3級の博物館に認定された。

張大千（1899−1983年）、原名・張正権は、四川省南江市出身の画家である。作品の主題は山水、人物、花鳥、虫魚、獣類などの広い範囲に及ぶ。彼は西方の芸術メディアに「東方の筆」と賞賛され、西洋画の大家パブロ・ピカソと並ぶ名を成している。その他、彼は国際芸術学会の金賞を獲得して「全世界の当代第一の大画家」にも推薦され、かつ、世界輿論からは「当今の世界で最も栄誉を得ている中国画の大家」と称されている。張大千は晩年、伝統の基礎を全面的に継承、発揚させ、中国画の開拓と創新にたゆまず飽くことなく従事することによって、中国画に新たな活力を注入し、広範かつ深遠な影響をなしたのである。

　　장대천 기념관

　　장대천기념관 (张大千纪念馆) 은 사천성내강시동흥구동로원정산 (四川省内江市东兴区东桐路圆顶山) 에 위치하고 전체 면적은 20973 평방미터이다 . 사천성문물보호단위 서림사 (西林寺) 와 인접하고 남부는 단성호 (甜城湖) 에 인접하며 내강대주광장 (内江大洲广场) 과 강을 사이에 두고 북쪽으로 대천광장 (大千广场) 과 장대천미술관 (张大千美术馆) 을 바라본다 .1992 년 9 월 11 일 추석에 장대천기념관이 정식적으로 개관 되었다 .2009 년에 장대천기념관은 전국박물관 , 기념관 , 미술관 무료 개방 서열에 포함되었고 2013 년 7 월에 장대천기념관은 국가 문물국 전문가 팀의 평가를 통해 검수를 받아 국가 3 급 박물관에 성공적으로 입선되었다 .

　　장대천 (1899 —1983) 은 원래 이름이 장정권이고 사천성 내강시 사람이다 . 화로가 넓고 산과물 , 사람 , 꽃과새 , 벌레와 물고기 , 길짐승등이 전부 포함되었다 . 그는 서양 예술계에서 ' 동방의 붓 ' 이라고 찬사를 받아 서양화의 태두 피카소 (毕加索) 와 함께 ' 동장서필 (东张西毕)' 이라고 불린다 . 이밖에 국제 예술 학회에서 금메달을 수상했고 ' 전 세계 최고의 화가 ' 로 선정 되었으며 세계 여론에 의해 ' 현재 세계에서 가장 유명한 중국 대화가 ' 라고 불린다 . 장대천은 만년에 꾸준히 중국화에 대한 개척과 혁신에 종사했다 . 전통을 전면적으로 계승하고 발양하는 기초 위에서 퍼묵 (泼墨), 퍼체 (泼彩), 퍼 (泼) 와 쓰기를 병행하는 새로운 모습을 창조하고 중국화에 새로운 활력을 주입하여 그영향이 광범하고 심원하다 .

真佛山

真佛山位于四川省达州市达川区城南30余千米的七里峡山脉中段的福善乡境内。真佛山原为关帝庙，清嘉庆十五年（1810年）后仿照佛寺改建，寺名"德化寺"，清道光六年（1826年）扩建后更名为真佛山。1984年被列为省级重点文物保护单位，1989年经四川省人民政府审定为省级风景名胜区，现为国家4A级风景区。

据记载，清乾隆年间，农民蒋德化一面修行，一面行医种药，人称"蒋善人""蒋活佛"，自建"德化寺"。后绥定府知府孙某前往求嗣偶得，深信其灵，赞蒋德化"乃真佛也"，下令扩建寺庙，并亲书"真佛山"镌刻于寺门，由此而名。

真佛山山势陡峭，整个寺庙依山取势，几座殿堂错落有致地分布于山腰、山顶之间，寺的周围古树相拥，使人有"万籁此皆寂，唯闻钟磬声"之感。

寺庙由玉皇殿、天子殿、金刚殿、大雄宝殿组成。其中大雄宝殿为主殿，殿内直立两座18层宝塔，高30米，部分藏于寺内，部分破顶而出，自殿外望去犹如破土春笋，生机勃勃。主殿两侧的钟鼓楼高约20米，共4层，层层各具特色，分别置大鼓和铁钟。

寺内楹联、字画、壁雕、历代僧墓群和佛教经典非常丰富。每年农历六月十九日是真佛山的传统庙会。真佛山景区除寺庙外，还有青松葱郁、云海浩瀚的云华山，蒋德化出身地"一佛寺"，拔地而起高耸入云的双石塔，白莲教起义的凌云寨，胭脂湖奇特怪异的石笋。整个景区集山、林、水、洞、庙于一体，奇、险、幽、峻应有尽有，是一座远近闻名的佛教圣地。

Zhenfo Mountain

Zhenfo Mountain, in the Middle of the Qilixia Mountains, is located in Fushan Town, more than 30 kilometers south to the Dachuan District of Dazhou City, Sichuan Province. Originally being Guandi Temple, it was named Dehua Temple after the reconstruction in the 15th year during the reign of Emperor Jiajing of the Qing Dynasty (1810). Finally, it was changed into Zhenfo Mountain in the 6th year of the reign of Emperor Daoguang of the Qing Dynasty (1826) after the expansion. In 1984, it was listed as a provincial key cultural relic protection unit. In 1989, it was approved by the People's Government of Sichuan Province as a provincial scenic spot, and is now a national 4A-level scenic spot.

According to the records, during the reign of Emperor Qianlong of the Qing Dynasty, a peasant, called Jiang Dehua, practiced medicine to help others, thus won his reputation as "Shanren"(well-doer) and "incarnation of Buddha". He built Dehua temple. Later, Sun, the governor of Suiding Prefecture, came here to pray for a child for his wife and his wish came true. He then firmly believed in Jiang's extraordinary power, praising him for being a true Buddha, and ordered the expansion of the temple. He wrote the name "Zhenfo" (meaning True Buddha)

which was later engraved in the temple gate, hence the name "Zhenfo Mountain".

The whole temple was constructed in accordance with the steep landform of the mountain, with the halls scattering among the hillside and the peak, embraced by ancient Cypress trees, arousing a feeling of tranquility. The only sound that can be heard is the ringing of the bell.

The temple consists of Yuhuang Hall, Tianzi Hall, Jingang Hall, and Daxiong Hall, which is the main hall of the whole temple where stands two 18-story pagoda, 30 meters high, half hidden in the temple, half out from the top, like a huge ground-breaking bamboo shoot full of vitality. On both sides of the main hall stand one 4-story bell and drum tower, about 20 meters high. Each floor of the tower has its own characteristics, with a drum and an iron bell on each side.

Abundant couplets, calligraphy and paintings, wall carvings, tombs of monks of past dynasties and Buddhist scriptures can be found in the temple. On the 19th day of the 6th lunar month, people hold traditional temple fair in Zhenfo Mountain. In addition to the temples, the scenic spot also includes Yunhua Mountain with lush trees and beautiful clouds, Yifo Temple where Jiang began his cultivation, Twin-Stone-Towers rising into the sky, the Lingyun Village, and Yanzhi Lake with unique stalagmites. This is a well-known Buddhist scared land where one can not only find mountain, forest, water, cave, and temple, but also feel its uniqueness, tranquility, and grandness.

El monte Zhenfo

La montaña de Zhenfo se encuentra en el municipio de Fushan, que está a más de 30 kilómetros al sur del distrito de Dachuan, ciudad de Dazhou, provincia de Sichuan. Anteriormente conocido como el Templo de Guandi, después de la reconstrucción en el decimoquinto año durante el reinado de Jiaqing de la Dinastía

Qing (1810), llamado "Templo Dehua". Después del sexto año de Daoguang en la Dinastía Qing (1826), pasó a llamarse monte Zhenfo. En 1984, fue clasificado como espacio a proteger del patrimonio cultural clave a nivel provincial. En 1989, fue aprobado como paisaje a nivel provincial por el Gobierno Popular Provincial de Sichuan, y ahora es una atracción turística nacional de nivel 4A.

Según los registros, durante el período Qianlong de la dinastía Qing, un paisano de nombre Jiang Dehua estudió el canon budista mientras practicaba medicina para hacer méritos y elevarse. La gente lo veneraba como un Buda viviente y lo llamaba "Buen Jiang", y todos juntos construyeron el "Templo Dehua". Más tarde, Sun, el gobernador de la prefectura de Suiding, vino aquí para pedir un deseo de tener un hijo y su deseo se hizo realidad, luego creyó firmemente en el extraordinario poder de Jiang, elogiándolo por ser un verdadero Buda; así pues, dispuso para la ampliación del templo y él mismo dejó grabada en la entrada del templo una inscripción que decía: "monte Zhenfo", la montaña del Buda verdadero.

Se trata de una montaña escarpada, con varios templos dispersos desde la falda a la cima, y está rodeado de árboles antiguos. El templo se compone de distintas edificaciones, entre las que se cuentan la Pagoda del Emperador de Jade, el Palacio de Emperador, el Templo de King Kong y el Gran Salón del Buda.

En el recinto hay muchas pinturas, esculturas, tumbas antiguas y escrituras, y el día 19 del calendario lunar es la festividad tradicional del templo. Además de los templos, en el área escénica también se encuentra la montaña Yunhua, el lugar de nacimiento de Jiang, la Torre de Piedra Doble, la Aldea de Lingyun, etc., integradas en un magnífico paisaje de montañas, bosques, agua, cuevas y templos. Es un famoso complejo budista de un carácter único; áspero, pero con quietud y grandeza.

真仏山

真仏山は四川省達州市達県の南30キロメートル余の福善郷にある。元は関帝廟であり、清の嘉慶15年（西暦1810年）に寺として改築され、「徳化寺」と名付された。清の道光6年（西暦1826年）には、真仏山と改称された。1984年には省級文化財保護単位に指定され、1989年、四川省人民政府の審査、評定を経て、省級風景名勝区となり、現在は、国家4A級風景区となっている。県誌の記載によれば、清朝の乾隆年間、一面では、道を悟るために修行し、一面では医師をなし、薬草を蒔いた農民の蒋徳化、人呼んでの「蒋善人」が、自ら「徳化寺」を建てたのであった。後の知府・孫某が子授け祈願のため蒋に奇遇し、その効力を深く信じたことから、彼を「真の仏なり」と讃え、寺廟の拡張を命じ、かつ、自らの筆で「真仏山」と寺門に刻んだのであった。ここから、この名があるのである。真仏山は険しく、全体の寺廟は山の勢いに沿って建てられ、数座の殿堂が林立する形で、山の中腹、山頂の間に分布し、寺の周囲には、古い松やコナラを抱

いている。寺廟は「玉皇殿」、「天子殿」、「金剛殿」、「大雄宝殿」から構成されている。寺内は字画、壁画、歴代の僧の墓、または仏教経典が非常に豊富である。毎年、農暦6月19日は真仏山の伝統の廟会である。真仏山地区は寺廟以外に、さらに、雲華山、蒋善人出身地に関する施設、双石塔、凌雲寨等を有する。全体の地区は山、林、水、洞、廟を一体に集め、奇、験、幽、峻も有り、一座の遠近に名をなす仏教の景勝地である。

진불산

진불산 (真佛山) 은 사천성달주시달주구 (四川达州市达州区) 남쪽으로 30 여킬로미터 떨어진 복선향 (福善乡) 에 하고 있다 . 원래는 관제묘 (关帝庙) 였는데 청나라가경 (清嘉庆) 15 년 (1810 년) 후 절 (寺) 를 모방하여 재건 했으며 절의 이름을 ' 덕화사 (德化寺)' 로 명했 다 . 청나라도광 (清道光)6 년 (1826 년) 에 증축 한 후에 진불산으로 이름을 바꾸었다 .1984 년에 성급중점문물보호단위로 (省级重点文物保护单位) 지정되었고 1989 년에 사천성 인민 정부에 의해 성급 풍경 명승지로 지정 되었으며 현재는 국가 4A 급 풍경구이다 . 현지의 기록에 의하면 청나라 건륭 (乾隆) 연간 농민 장덕화 (蒋德化) 는 수행하면서 한편

으로는 의사 노릇을 하면서 한편으로는 약을 재배했다고 한다 . 그는 ' 장선인 (蔣善人)', ' 장활불 (蔣活佛)' 이라고 불리며 스스로 ' 덕화사 ' 를 지었다 . 나중에 쑤이팅푸지부손모씨 (绥定府知府孙某) 가 가서 대을 이을 아들을 얻으려고 빌었는데 우연히 실현되어 장덕화를 ' 진불이로구나 ' 라고 칭찬했다 . 그리고 절을 확장 하라고 지시하고 ' 진불산 ' 을 절문에 새겨서 이름을 지었다 . 진불산은 산세가 가파르고 절 전체가 산을 따라 자세를 취하고 몇개의 전당은 산 중턱 , 산 꼭대기 사이에 분포 되어있고 절 부근은 고목과 푸른 백나무로 둘러 싸여있다 . 절은 옥황전 (玉皇殿), 천자전 (天子殿), 금강전 (金剛殿), 대웅보전 (大雄宝殿) 으로 구성되었다 . 절안에 대련 (楹联), 서화 (字画), 벽 조각 (壁雕), 역대의 승묘군 (僧墓群) 과 불교 경전이 매우 풍부하다 . 매년 음력 6 월 19일은 진불산의 전통 묘회이다 . 진불산 관광지는 절 외에 푸른 소나무가 울창하고 운해가 넓은 운화산 (云华山) 도 있다 . 그리고 장선인 (蔣善人) 의 출신지인 '1 불사 (一佛寺)' 가 있고 하늘 높이 솟은 쌍석탑 (双石塔), 백련교 (白莲教) 가 일으킨 능운채 (凌云寨), 연지호 (胭脂湖) 의 특이하고 기괴한 석순이 있다 . 전체 풍경구는 산 , 숲 , 수 , 동 , 묘가 하나로 모이고 기이하고 험하며 수려하고 험준하며 모든 것이 다 갖추어져 있어서 명성이 높은 유명한 불교 성지이다 .

黄龙景区

黄龙景区位于四川省西北部阿坝藏族羌族自治州的松潘县境内，距离成都350千米，属青藏高原东部边缘向四川盆地的过渡地带。它以"奇、绝、秀、幽"的自然景观蜚声中外，更以宏大的地表钙化景观著称于世。1992年，它与九寨沟携手成为世界自然遗产；1997年，被联合国列入"世界人与生物保护圈"；2001年又获得"绿色环球21"的国际桂冠。此外，作为由众多雪峰和中国最东部的冰川组成的山谷，它还是保护最完好的中国高原湿地之一，生存着许多濒临灭绝的动物，包括大熊猫和四川疣鼻金丝猴等。

黄龙景区与九寨沟景区"背靠背"地呈现出不同的面貌，共同构造出川西高原绮丽的风景。黄龙地处海拔3000米以上的高原，是中国也是世界上规模最大的高山钙化景观，它以彩池、雪山、峡谷、森林"四绝"著称于世，这里广泛分布着清晰的第四纪冰川遗迹。

黄龙景区的整个"龙身"长3.6千米，落差高达400米，平均海拔在3000米以上，景区大门是龙尾，五彩池是龙首。它酷似中国人心目中"龙"的形象，也因而历来被喻为"中华象征"。有人这样形容它："玉嶂参天，一径苍松迎白雪；金沙铺地，千层碧水走黄龙"。在当地更是各族同胞所尊崇的圣地，藏族同胞称之为"东日·瑟尔嵯"，意思是东方的海螺山、金色的海子。

关于"黄龙"的得名还有一个古老的传说：当年大禹治水时，有一条黄龙帮助大禹疏通江水航道，大禹治水成功后，这条黄龙隐居在这里修炼成仙，后人为纪念黄龙真人，就在沟内修建了黄龙寺。黄龙古寺建于明朝，也称雪

山寺，黄龙寺原来共分为前、中、后三座寺庙。如今前寺只剩下遗迹，中寺和后寺依然保存完整。中寺为佛教寺院，后寺又称黄龙古寺，供奉道教的黄龙真人。

古寺背靠五彩池，呈四合院布局，与周围的环境浑然一体，高度体现了中国古典建筑之美，在群山、森林、流水之间，和谐、宁静而富有韵味。五彩池，池群面积 2 113 平方米，有彩池 400 多个，是黄龙景区最美丽的一片彩池。由于这里的水来自雪山、森林，没有污染，且含有大量碳酸钙的水体与池底不同颜色的藻类和池边的岩石相结合，再加上高原阳光折射的作用，形成了池水同源而色泽不一的绚丽景观。

Huanglong Scenic and Historic Interest Area

Huanglong Scenic and Historic Interest Area is located in Songpan County, Aba Tibetan and Qiang Autonomous Prefecture, northern Sichuan Province, 350 kilometers away from Chengdu, which is a geological transition from the eastern edge of Qinghai-Tibet Plateau towards Sichuan Basin. It is well-known in China and abroad for its magnificent and secluded natural landscape, and is also famous for its huge limestone formations. The scenic area was made a world natural heritage site in 1922 with Jiuzhaigou Scenic Area. In 1997, it was listed in the "Man and the Biosphere Programme" by the United Nations. In 2001, it won the international crown of "Green Global 21". In addition, as a valley which is composed of numerous snow-capped peaks and China's easternmost glaciers, the area is also one of the best-preserved plateau wetlands in China. Many endangered animals live there, including giant pandas and Sichuan golden snub-nosed monkeys.

Huanglong Scenic and Historic Interest Area and Jiuzhaigou Valley are adjacent to each other, showing different scenery and they jointly construct the beautiful landscape of western Sichuan plateau. The altitude of the area is over 3,000 meters above sea level. It is the largest limestone landscape in the world. Huanglong Scenic and Historic Interest Area is well known for the "four wonders" of colorful ponds, snow mountains, gorges, and forests. Quaternary glacial remains widely scatter here.

Huanglong Scenic and Historic Interest Area is 3.6 kilometers long with a drop of 400 meters. Its average altitude is over 3,000 meters. The gate of the scenic area is the dragon's tail, and the colorful pond is the dragon's head. Huanglong means yellow dragon in China, symbolizing Chinese nation. It is also a sacred place for the local people.

There is an old legend about the "Yellow Dragon": when Dayu(also known as the founder of the Xia Dynasty) controlled the mighty rivers, a yellow dragon helped him dredge the river channel. After Dayu controlled the flood, the yellow dragon lived in seclusion and became an immortal. To commemorate the yellow dragon, later generations built the Ancient Yellow Dragon Temple. The temple was built in the Ming Dynasty, also known as Snow Mountain Temple. It was divided into three parts: the front, the middle and the back. Today, the front temple was ruined, but the middle temple and the back temple are preserved well. The middle temple is a Buddhist temple, and the back temple, also called "Ancient Yellow Dragon Monastery" is used to worship yellow dragon of Taoist.

The ancient temple is at the back of Wucaichi (Five-colored Ponds) and its layout like a quadrangle courtyard. It seems to blend into the surrounding scenery. The temple highly embodies the beauty of Chinese classical architecture. Surrounded by mountains, forests and water, the temple is harmonious, tranquil and full of charm. The Wucaichi is the most beautiful scenery in this area. The pond group covers an area of 2,113 square meters and has more than 400 colorful ponds. The water in the colorful pond has not been contaminated because it comes from the mountains and forests. And the water, containing large amounts of calcium carbonate, is combined with colorful algae at the bottom and rocks at the edge of the pond. With the reflection of daylight, the ponds forms the gorgeous landscape—the water displays different colors in the same pond.

Área escénica de Huanglong

El área escénica de Huanglong se encuentra en el condado de Songpan de

la prefectura autónoma de los Aba tibetanos y los Qiang, en el noroeste de la provincia de Sichuan, a 350 kilómetros de Chengdu. Pertenece a la zona de transición que va desde el extremo oriental de la meseta Qinghai-Tíbet hasta la cuenca de Sichuan. Huanglong se encuentra en la meseta a más de 3,000 metros sobre el nivel del mar, es famoso por su paisajes naturales "exóticos, extraños, hermosos y tranquilos", los famosos "cuatro extremos" de estanques de colores, montañas nevadas, cañones y bosques, y es el paisaje de piedra caliza más grande del mundo. En 1992, se unió a Jiuzhaigou para convertirse en patrimonio natural de la humanidad; en 1997 fue incluido en el "Círculo de Protección Humana y Biológica del Mundo" por la ONU, y en 2001 recibió el galardón internacional "Globo Verde 21". Además, como valle compuesto por numerosos picos nevados y los glaciares más orientales de China, es uno de los humedales de meseta mejor protegidos de toda el territorio nacional, con muchos animales en peligro de extinción, incluidos los pandas gigantes y los monos dorados sin nariz de Sichuan.

黄龍景区

黄龍風景区は四川省西北部アバチベット族、羌族自治州の松潘県内に位

置し、成都から350キロメートル離れている。青蔵高原東部の周辺部に属し、四川盆地に向かって地形の変化する地帯である。黄龍の地は海抜3000メートル以上の高原に位置し、それは奇、絶、秀、幽の自然景観によって、内外に名声を発し、彩池、雪山、渓谷、森林の「四絶」によって、世に有名である。又、中国国内においても、世界規模上、最大の高山石灰の景観である。ここは広範に明確な第4紀の氷河遺跡を育てて来た。1992年、これと九寨溝は共に、世界自然遺産となった。1997年、国際連合から「生物圏保護区」に列せられた。2001年には、「グリーン　グローバル　21」の国際的名誉を獲得した。この他、多くの雪山と中国最東部の氷河が組み合わさった山谷として、それは中国で最も完全に保護された湿地の一つである。

る。多くの絶滅の危機に瀕した動物たちが生存し、そこにはパンダやシシバナキンシコウ等も含まれるのである。

황룡관광지

황룡 (黄龙) 관광지는 사천성 서북부 아바장족강족자치주구 (阿坝藏族羌族自治州) 의 송판현 (松潘县) 에 위치하고 성도 (成都) 에서 350 킬로미터 떨어진 곳으로 칭짱 (青藏) 고원 동쪽 가장자리에서 사천 분지로 과

도 하는 지역이다 . 황룡 풍경구는 해발 3000 미터 이상의 고원에 위치하고 ' 독특하고 수려하며 그윽하다 ' 는 자연 경관으로 국내외에서 널리 알려 졌고 채색 , 설산 , 협곡 , 숲 ' 사절 (四绝)' 로 유명하며 중국은 물론 세계에서도 규모가 가장 큰 고산 석회화 경관이다 . 이곳은 선명한 제사기 빙하 유적이 광범위하게 넘아 있다 . 1992 년에 주자이거우 (九寨沟) 와 함께 세계 자연 유산이 되었다 . 1997 년에 국제연합 (联合国) 은 ' 세계인과 생물 보호권 ' 에 등재 했고 2001 년에 ' 녹색 세계 21' 의 국제 계관을 얻었다 . 그 밖에 많은 설봉 (雪峰) 과 중국 최 동부의 빙하로 구성된 골짜기로서 중국에서 가장 잘 보호된 고원 습지 중의 하나이다 . 판다와 사천혹코금사원숭이 (四川疣鼻金丝猴) 들을 포함한 많은 멸종 위기에 처한 동물들이 살고 있다 .

乐山大佛

乐山大佛，全名嘉州凌云寺大弥勒石像，位于四川省乐山市境内，岷江、青衣江、大渡河三江交汇处的凌云山上，与乐山城隔江相望，北距成都130千米。整座大佛高71米，是中国乃至世界上最大的石刻弥勒佛坐像，矗立在此已经1300多年了。它于1982年被国务院定为全国重点文物保护单位，1996年与峨眉山一起被联合国教科文组织列入世界自然与文化遗产名录，是目前四川唯一的一处世界自然与文化双遗产。

古嘉州是川江八大港口之一，早在隋代已是四川造船基地，唐朝时期已成为一个土地肥沃、运力发达的强盛之地。在这经济高速发展的时期，孕育了举世闻名的乐山大佛。虽然大佛最初修建资金是来自民间，然而完成大佛最终修建，还得益于朝廷两次麻盐税款，是三代人、四位皇帝，共同完成了这一浩大的工程。

佛教在东汉从古印度传入中国，诞生了家喻户晓的弥勒佛。乐山大佛便是中国特色的古佛弥勒之一，他有印度佛像的发髻，唐代时以肥为美的体态，壮实的双臂和饱满的精神。中唐以后，"安史之乱"爆发，集中在中国北方的石刻精英们为了寻求安宁的生存环境而南迁，大量画师、工匠由北向南，跟唐玄宗一起避乱，涌入四川，他们中大多数人想必都参与了中后期的大佛修凿。在唐以前，石刻分为很多派别，规模大、体量大，雕工精湛，布局巧妙，而乐山大佛拥有全部这些特点：他高71米，依山而凿，具有"32相，80种好"，他的五官、头、手、脚、身体都严格按比例要求建造。大佛所处位置也十分科学，地处阴坡，整尊佛像凹进山壁内，从而缓解了雨水冲刷，减少风化程度；

不仅如此，大佛从头部到衣纹都巧妙地设有排水系统。当时大佛建成后，工匠还为他修了一个高 13 层的阁楼灵宝塔来保护，金碧辉煌，蔚为壮观。

灵宝塔位于凌云山的灵宝峰，塔高 29.29 米，一共 13 层，在 2006 年被列入全国重点文物保护单位，属于中国古塔建筑中的密檐式佛塔。乐山城依水而建，也因水而兴，灵宝塔则在岷江水运的历史中发挥了巨大的航标作用，成为乐山人心中的风水宝塔。

Leshan Giant Buddha

Leshan Giant Buddha, a stone statue of Maitreya in the Lingyun Temple of Jiazhou, is located in Leshan City, Sichuan Province. It overlooks three converging rivers, namely, Minjiang River, Dadu River and Qingyi River and faces the urban area of Leshan City on the opposite bank of the rivers, 130 kilometers away from Chengdu in the north. The entire Buddha, with a height of 71 meters, is the largest stone statue of Maitreya in China and even in the world, which has been here for more than 1,300 years. It was designated as a national key cultural relics protection unit by the State Council in 1982. In 1996, it was listed by UNESCO as a World Natural and Cultural Heritage Catalogue along with Mount Emei. It is currently the only World Natural and Cultural Heritage in Sichuan Province.

The ancient Jiazhou is one of the eight major ports in Sichuan. It was already a Sichuan shipbuilding base in the Sui Dynasty. It was a prosperous place with fertile land and developed transportation capacity during the Tang Dynasty, laying an economic foundation for the construction of the world-famous Leshan Giant Buddha. Although the original construction spending of the Big Buddha came from the public, the most of the construction expenditure came from the court's two taxes on salt. It was three generations and four emperors who jointly completed this vast project.

Buddhism was introduced to China from ancient India in the Eastern Han Dynasty, and it gave birth to a household name of Maitreya. The Leshan Giant Buddha is one of the ancient Buddhas with Chinese characteristics. He has the hair buns of Indian Buddha statues, fat body and strong arms with full spirit, which were considered as a sign of beauty in the Tang Dynasty. After the Mid-Tang Dynasty, the "Anshi Rebellion" broke out, and the stone engraved elites concentrated in northern China moved southward in search of a peaceful living environment. A large number of painters and artisans followed Emperor Xuanzong to Sichuan to avoid chaos caused by war. Most of them took part in the mid-late period construction of the Buddha. Before Tang Dynasty, the stone carvings were divided into many schools with different crafts: large in scale and large in volume; superb carving; ingenious layouts. The Leshan Giant Buddha has all the above mentioned features. He is 71 meters high and is built against the mountains. He has "32 facial features and 80 kinds of good virtue". His facial features, head, hands, feet and body are strictly constructed according to the requirements. The location of the Buddha is also very scientific. Located on the shady slope, the entire Buddha statue is set into the mountain wall to alleviate the rain erosion and reduce

the degree of weathering; Another architectural artistry is the drainage system. This system is made up of some hidden gutters and channels, scattered on the head and arms, behind the ears and in the clothes. After the completion of the Buddha, the craftsman also built a 13-storey loft to protect the Buddha, which is grand and awe-inspiring.

Lingbao Tower is located in Lingbao Peak of Lingyun Mountain. This is another scenic spot close to the Buddha. The 13-storey tower is 29.29 meters high. It was listed as a national key cultural relic protection unit in 2006 and belongs to the dense pagoda in Chinese ancient tower building. Leshan City was built near the water and also revitalized by the water. The Lingbao Tower served as an important navigation mark in the history of the Minjiang River, thus in the hearts of Leshan people, this pagoda can bless them.

Buda gigante de Leshan

El Buda Gigante de Leshan se encuentra en la ciudad de Leshan, provincia de Sichuan, en el monte Lingyun -en el cruce del río Minjiang, el río Qingyi y el río Dadu. Se halla a 130 kilómetros al sur de Chengdu. Está erigido al otro lado del río y frente a la ciudad. El Buda completo, con una altura de 71 metros, es la estatua de piedra más grande del Buda en China e incluso en el mundo, y ha estado aquí por más de 1.300 años. El budismo se introdujo en China desde la India en la dinastía Han del Este y uno de sus símbolos fundamentales es la encarnación del Buda como Maitreya. El Gran Buda de Leshan es uno de los antiguos Budas Maitreyas con las características de la iconografía china. Fue calificado como Monumento de la República Popular China por el Consejo de Estado en 1982. En 1996, la

UNESCO lo incluyó dentro de su Lista del Patrimonio Mundial Natural y Cultural junto con el Monte Emei. Actualmente es el único sitio con el doble atributo de patrimonio natural y cultural de la Humanidad.

楽山大仏

楽山大仏は四川楽山の城内に位置し、青衣江、岷江、大渡河の3つの河川が交わる凌雲山上に有る。楽山城とは河を隔てて相対し、成都の北、130キロメートルの距離にある。大仏は71メートルの高さがあり、中国および、世界の最大の石に刻まれた弥勒仏の坐像であり、ここで既に1300数年、存在し続けている。仏教は後漢時代、古代インドから中国に伝えられ、人々に名が知られる弥勒仏を生み出した。楽山大仏はまさに中国の特色ある古代仏教の弥勒の一つである。1982年には、国務院から国家重点文物保護単位に定められ、1996年には、峨眉山と共に、国際連合ユネスコ組織によって、世界自然遺産目録と文化遺産目録に列せられた。現在、四川省で唯一の世界自然遺産と文化遺産の双方とに認定されているものである。

러산대불

러산대불 (乐山大佛) 은 사천러산 (乐山) 경내에 위치하고 민강 (岷江), 청의강 (青衣江), 대도하 (大渡河) 삼강이 합류하는 능운산 (凌云山) 에서 러산성 (乐山城) 과 강을 사이에 두고 북쪽은 성도에서 130 킬로미터 떨어져 있다 . 대불 전체은 높이가 71 미터가 되고 중국 뿐만아니라 세계에서 가장 큰 석각 미륵부처님 좌상이다 . 이곳에 우뚝솟은지 벌써 1300 여년이 되었다 . 동한 시대부터 인도에서 불교가 중국에 전래되어 누구나 아는 미륵보살이 생겼다 . 러산대불은 바로 중국 특색의 고대 미륵 중의 하나이다 . 이는 1982 년에 국무원 (国务院) 에서 전국중점문물보호단위 (全国重点文物保护单位) 로 지정 되었고 1996 년에 아미산 (峨眉山) 과 함께 연합국교과문조직 (联合国教科文组织) 에 의해 세계 자연과 문화 유산명록에 등재되었고 현재 사천에서 유일한 세계 자연과 문화 유산이다 .

三苏祠

　　三苏祠位于四川省眉山市西南隅，北距成都约 60 千米，南距乐山约 70 千米，是北宋大文豪苏洵、苏轼、苏辙父子三人的故居，元代改宅为祠，明末毁于战火，清康熙四年（1665 年）在原址模拟重建。后经历代增修扩建，三苏祠由原来的苏家 5 亩（1 亩 ≈ 666.7 平方米）扩大至现今的 104 亩。1980 年 7 月 7 日被四川省人民政府公布为重点文物保护单位；1984 年 4 月成立"眉山三苏博物馆"；2006 年 5 月，被列入第六批全国重点文物保护单位名录；2009 年 5 月，国家文物局公布三苏祠为国家二级博物馆；2010 年 1 月，国家旅游局公布三苏祠为国家 4A 级旅游景区，同时，它也是四川省爱国主义教育基地、四川省廉政教育基地，四川最负盛名的人文景观之一。

　　三苏祠因三苏父子而享誉中外，三苏父子以其卓越的创造才能和辉煌的文学成就，同登"唐宋八大家"之列，千古文章辉耀古今。三苏祠是国内展示三苏文化最丰富，展陈面积最大，陈列方式最多，展出水平最高的场所。三苏祠完美、生动地再现了三苏父子辉煌的人生和光耀千秋的文化成就，成为弘扬三苏文化的又一颗璀璨明珠。

　　三苏祠馆藏丰富，有古籍缮本、陶瓷、书画等约 10 000 件。宋、元、明、清至民国的三苏文献古籍版本共计 141 部 2 689 册；宋、明、清苏东坡书法墨迹拓本 246 册。这批文献古籍约占目前海内外现存三苏文献种类的 60%，为三苏祠的镇馆之宝。除此之外，还有保护完好的清代建筑 13 幢，清代匾额、楹联 18 种，其中著名的匾额"养气""三苏祠"被收录在《中华名匾》一书中。还收藏宋、明、清、民国时期石碑 150 通，宋、明、清、民国碑约 30 通，其中苏东坡手迹、刻石 100 通。这些都是三苏研究、陈列展览的珍贵资料。

San Su Ci

San Su Ci is located in the southwest of the Meishan City in Sichuan Province, 60 kilometers away from Chengdu City in the north and 70 kilometers away from Leshan City in the south, which was the former residence of three literary masters, Su Xun and his two sons, Su Shi, who is also known as Su Dongpo, and Su Zhe in the Northern Song Dynasty.

The residence was changed into a shrine in the Yuan Dynasty , but destroyed during the war at the end of the Ming Dynasty. In 1665, it was reconstructed in the original site. Through the efforts of several generations, San Su Ci has expanded from about 3,333 square meters to the present 69,333 square meters or so. On July 7th, 1980, it was announced as a key cultural relic protection unit by Sichuan provincial government; In April 1984, it was changed into "Meishan San Su Ci"; In May 2006, it was included in the sixth batch of national key cultural relics protection units; In May 2009, the State Administration of Cultural Heritage declared San Su Ci a second-level national museum. In January 2010, the National Tourism Administration declared it a national 4A-level tourist attraction. It also is a patriotism education base, a clean government education base and the most famous cultural landscape in Sichuan Province.

San Su Ci is renowned at home and abroad for Su Xun and his two sons who are all listed in "Eight Prose Masters of the Tang and Song Dynasties" for their outstanding writing talent and brilliant literary achievements. Even now their articles are still popular. San Su Ci is well known for its rich culture resources about these three literary masters, vast exhibition space, and different ways of display. The museum shows the brilliant life and glorious literary achievements of "San Su" in a perfect and vivid way.

San Su Ci is rich in collections with about 10,000 objects in total, including copies of ancient books, ceramics, calligraphy works and paintings. There are 141 sets, about 2,689 ancient documents and books recording the life and works of "San Su" from the Song, Yuan, Ming and Qing Dynasties to the Republic of China and 246 rubbings of Su Shi's calligraphy in the Song, Ming and Qing Dynasties. These ancient documents and books account for about 60% of existing documents about "San Su" at home and abroad, which are the most precious treasure of the museum. In addition, there are 13 well-preserved architectures built in the Qing Dynasty and 18 plaques and couplets including two famous plaques with Chinese characters "养气" and "三苏祠" on them , which were collected in the book *Chinese Famous Plaques*. In the museum, there are 180 stone tablets in the Song, Ming, Qing Dynasties and the Republic of China, in which 100 were carved by Su Shi. These collections are both precious exhibits about San Su and valuable resources for the study of these three literary masters.

Santuario de los tres Su

El santuario de los tres Su se encuentra en el suroeste de la ciudad de Meishan, provincia de Sichuan. Es la antigua residencia de los tres maestros de la dinastía Song del Norte, el padre Su Xun y sus hijos Su Shi y Su Zhe. En la dinastía Yuan, se convirtió en un santuario. Al final de la dinastía Ming, fue destruido en la guerra y reconstruido en el sitio original en 1665. Después de su ampliación a lo largo de varias dinastías, el Santuario de los tres Su se ha expandido de los 3.333 metros cuadrados originales a los 69.333 metros cuadrados actuales. En mayo de 2006, se incluyó en el sexto lote de Monumentos de la República Popular China;

en mayo de 2009, la Administración Estatal del Patrimonio Cultural declaró el Santuario de los tres Su como Museo secundario nacional; en enero de 2010, la Administración Nacional de Turismo calificó al Santuario como atracción turística nacional de nivel 4A. Con su gran talento creativo y logros literarios, los tres Su se encuentran entre los llamados "ocho grandes maestros de la prosa de las dinastías Tang y Song". El santuario de los tres Su es el lugar donde pueden verse más piezas y documentos relacionados con todo el legado cultural de los tres Su. Las colecciones son muy ricas, con alrededor de 10.000 libros antiguos, cerámica, pinturas y caligrafía.

三蘇祠

三蘇祠は四川省眉山市西南辺に位置し、北宋の大文豪・蘇洵、蘇軾、蘇轍の父子の3人の旧居である。元代に住宅を改め、祠としたのであり、明末には戦火で毀損し、清朝の康熙4年（西暦1665年）、元の場所に復元再建さ

れたものである。後に歴代の増築拡張を経て、三蘇祠は元の蘇家の3330平方メートルから現代の59300平方メートルに拡大されたのである。2006年5月、第6次の全国重点文化財保護単位名簿に列せられ、2009年5月には、国家文物局は三蘇祠を国家二級博物館となすことを公布した。2010年1月、国家旅行局は、三蘇祠を国家4A級旅行名勝区となすことを公布した。三蘇父子は卓越した創造の才能と輝ける文学の成就で、いずれも「唐宋八大家」に登録されている。三蘇記念館は国内の三蘇文化を最も豊富に展示し、最大の面積を開陳し、陳列方式は最多で、最高の展示水準を有する場所である。三蘇祠館は豊富な資料を蔵し、修繕した古典書籍、陶器、磁器、書画

等は約1万件である。宋、元、明、清から中華民国期に至るまで、三蘇文献、古典書は合計して141部、2689冊を数える。宋、明、清の蘇東坡書法の墨跡拓本は246冊である。この文献、古書はおよそ、現在の国内外の現存する三蘇文献の種類の60%を占め、三蘇祠のタウンホールの宝となっている。この他、清代の建築、宋、明、清、中華民国期の石碑はいずれも、三蘇研究、陳列展示の貴重な資料である。

삼 소 사

삼소사은 사천성 미산시 (眉山市) 서남쪽에 위치하고 있으며 북송시대의 대 문호인 수순 (苏洵), 소식 (苏轼), 소철 (苏辙) 부자 세사람의 생가이다 . 원나라 때 주택은 사 (祠) 로 바뀌었고 명나라 말에 전쟁으로 훼손 되었다 . 청강희 (清康熙) 4 년 (1665) 에 본 주소를 모방해서 재건 되었다 . 후에 역대의 증축을 거쳐 삼소사는 원래의 소가오묘원 (苏家五亩园) 에서 지금의 59300 평방미터까지 확대 되었다 .2006 년 5 월에 제 6 차 전국중점문물보호단위 (全国重点文物保护单

位）의 명부에 등재되엇다. 2009 년 5 월에 국가 문물국에서 삼소사는 국가 2 급 박물관이라고 발표했다. 2010 년 1 월에 국가 관광국에서 삼소사를 국가 4A 급 관광지라고 발표했다. 삼소부자는 뛰어난 창조 재능과 찬란한 문학 성과를 바탕으로 '당송 시대 8 대 가문 (唐宋八大家)' 에 등극했다. 삼

소기념관은 국내에서 삼소문화가 가장 풍부하고 전시 면적이 가장 크며 진열 방식이 가장 많고 전시 수준이 가장 높은 곳이다. 삼소사는 소장품이 풍부하고 고서적필본 (古籍缮本), 도자기, 서화 등 약 10000 점이 있다. 송나라, 원나라, 명나라, 청나라부터 중화민국시대에 이르기까지 삼소 문헌 민국 삼 (三苏文献) 과 고적번전 (古籍版本) 이 총 141 부 2689 권, 송나라, 명나라, 청소동파 (清苏东坡) 서 서예와 묵적 (墨迹) 탁본 (拓本) 246 권있다. 이것은 문헌의 고서적은 현재 국내외에 현존하고 있는 삼소문헌의 종류의 약 60% 를 차지하며 삼소사의 전시관의 보물이다. 그밖에 청나라 건축, 송, 명, 청, 민국시기 비석들은 모두 삼소연구 및 진열 전시회의 귀중한 자료들이다.

三星堆博物馆

　　三星堆博物馆位于四川省广汉市南兴镇鸭子河畔，距成都45千米，距德阳市28千米。三星堆得名，源于此地有三个连绵起伏的黄土堆，以及在遗址的背后有个类似于月亮状的台地，形成了"三星伴月"的奇观，因此被称作"三星堆"。三星堆博物馆属于专题性遗址类博物馆。1931年春，当地居民燕道诚与家人在疏淘车水沟时意外地挖掘到了一大批玉石器，引起了考古界的注意，也由此拉开了三星堆考古的"大幕"。1986年夏，随着1、2号祭祀坑相继出土大量文物，三星堆引来了世界的目光，博物馆也在1992年8月奠基。1997年10月，三星堆博物馆正式对外开放，它是首批4A级景区，也是全国重点文物保护单位，更是全球首家进入"绿色环球21"认证的博物馆。它以悠久的文物、奇特的建筑、精美的陈列、典雅的园林四大特色，成为享誉中外的文物旅游胜地。

　　三星堆古遗址分布面积约12平方千米，距今已有3000至5000年历史，这是迄今为止在西南地区发现的分布范围最广、历史沿革最长、遗址遗存最为丰富的古城、古国、古蜀文化遗址。蜀为古代一种民族的称呼，原属于氐羌族，是存在于四川盆地的古国。历史上古蜀国经历了数个朝代，不同时期拥有不同的文化面貌，这其中就蕴含着著名的三星堆文明、金沙文明，直到后来古蜀国被秦国所灭，才从闭塞盆地进入了中原文明的版图。然而在一个漫长的时期内，古蜀的历史仅限于故纸堆中有关五代古

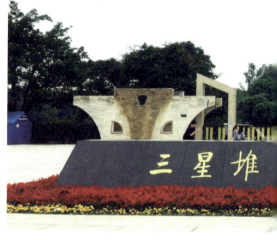

蜀王的传说，直到三星堆的发现，才确凿无疑地证明了古蜀文明的存在，将古蜀的历史向前延伸了2000年，并被称为20世纪人类最伟大的考古发现之一。这座古遗迹里包括古城、祭祀坑等，绝对年代为公元前4800—2600年，相对年代为新石器时代晚期到周朝初期。遗址内发现了东城墙、西城墙、南城墙、月亮湾内城墙，以及北城墙等，出土了大量陶器，精美的青铜器，象征皇族

的金器，各类精美玉器，如青铜大立人、纵目面具、"国宝级"的黄金手杖、高达 3.95 米的青铜神树等。

三星堆文化是指集中分布于成都平原及周边，以小平底罐、鸟头勺把、高炳豆为典型器物组合的一种考古学文化，与中原夏商、长江中下游文化有着密切关系，因为三星堆文明只有零星刻画符号，没有文字，探究起来比有甲骨文出土的殷墟遗址更加困难，所以这里还有很多未解之谜等着人们去探寻。

Sanxingdui Museum

Sanxingdui Museum is situated by the bank of the Yazi River in Guanghan City, which is 40 kilometers away from Chengdu City and 28 kilometers away from Deyang City. There are three rolling hills and a moon-like platform behind the site, which forms a unique layout of "Three stars accompanying the moon". So it's called "Sanxingdui" ("three-star mounds"). Sanxingdui Museum, is a theme on-site museum. In the spring of 1931, local resident Yan Daocheng and his family accidentally excavated a large number of jade and stone objects when dredging the ditch, which attracted archaeologists' attentions and started the archaeological excavation of Sanxingdui. As a large number of relics were excavated from No.1 and No.2 sacrificial pits in the summer of 1986, Sanxingdui

attracted the world's attention. Then the museum held the groundbreaking ceremony in August 1992 and opened to the public in October 1997. It is one of the first group of National 4A-level Tourist Attractions of China, a national key cultural relic protection unit, and the first museum in the world that has gotten the certification from "Green Global 21". Featuring its time-honored cultural relics, unique architecture, exquisite display and elegant gardens, the museum has become a cultural tourist attraction, enjoying prestige both at home and abroad.

Sanxingdui Ruins Site covers an area of 12 square kilometers, with a history of 3,000 to 5,000 years. It is an ancient city, ancient state and ancient Shu culture site found in southwest of China so far, which is the largest in area, longest in time span and richest in cultural connotation. Shu is an ancient name of a nationality that originally belongs to Diqiang People in Sichuan Basin. The ancient Shu Kingdom had experienced several dynasties with different cultural features in different periods of history in which famous Sanxingdui civilization and Jinsha civilization were contained. Until the ancient Shu Kingdom was wiped out by the ancient Qin Kingdom, Shu civilization was integrated into the civilization of Central Plains. However, for a long period, the history of ancient Shu Kingdom was only found in the legend of the five kings (Cancong, Boguan, Yufu, Duyu and Kaiming) of ancient Shu Kindom. It was not until the discovery of Sanxingdui that the existence

of the ancient Shu civilization was proved beyond doubt and its history has been confirmed 2,000 years earlier than the previous record. Thus Sanxingdui site is recognized as one of the greatest archaeological discoveries in the 20th century. Ancient city and sacrificial pits were found in Sanxingdui site and the age of that is between 2,600 to 4,800 years and the relative age is from the late neolithic age to the early Zhou Dynasty. Inner and outer city walls were found there and a large number of potteries, bronze wares, gold wares symbolizing royalty and jade wares were unearthed in the site, including standing bronze figure statue, bronze vertical-eyed mask, gold scepter, and 3.95-meter-high bronze sacred tree.

Sanxingdui culture is centralized in and around the Chengdu Plain typically represented by small flat bottom pots and bird-head handle. Sanxingdui culture is closely related to the culture of Xia and Shang Dynasty in the Central Plain, and the culture of middle and lower reaches of Yangtze River. But there were only sporadic carved symbols in Sanxingdui culture, so it is more difficult to explore it than Yinxu Ruins where oracle-bone inscriptions were excavated, and there still are many mysteries to be explored.

Sanxingdui

El Museo de Sanxingdui está ubicado a orillas del río Yazi en el pueblo de Nanxing, ciudad de Guanghan, provincia de Sichuan, 45 kilómetros de Chengdu. Detrás suyo hay tres pequeñas colinas en las inmediaciones, y una plataforma que recuerda a la luna que ofrecen una visión como de "Tres estrellas acompañando a la luna" y por eso se llama "Sanxingdui", que es su traducción abreviada en chino.

El Museo Sanxingdui es uno de los Patrimonios Clave de la República Popular China y pertenece a la categoría de ruinas de interés especial. El Museo Sanxingdui se abrió oficialmente al público en octubre de 1997, es una de las atracciones turísticas nacionales de nivel 4A, y también es el primer museo en el mundo en obtener la certificación "Globo Verde 21". Las antiguas ruinas de Sanxingdui se distribuyen a lo largo y ancho de 12 kilómetros cuadrados y tienen una historia de entre 3.000 y 5.000 años. Se trata de la ciudad más antigua y con más extensión del suroeste, la de historia más larga y patrimonio más rico. Hablamos de uno de los mayores descubrimientos arqueológicos de todo el siglo XX. Se desenterró una gran cantidad de cerámica y exquisitos bronces representando a la familia imperial, todo tipo de magníficos artículos de cerámica y jade, como el bronce Da Liren, la máscara de bronce, un cetro de oro con rango de tesoro nacional y un árbol de bronce de 3,95 metros de altura.

三星堆博物館

　三星堆博物館は広漢市南興鎮鴨子河畔に位置し、成都から45キロメートルの距離にある。三星堆は、この地が3個の連綿と起伏する黄土堆、並びに遺跡の背後に月殻に似た台地を有することによって、「三星伴月」の奇観を形成し、これにより、「三星堆」と称される。三星堆は全国重点文物保護単位であり、特定のテーマ性を有する遺跡類の博物館である。1997年10月、三星堆博物館は正式に対外開放された。中国初の4A級風景名勝区であり、さらに、「グリーン　グローバル　21」認証博物館となった。三星堆古遺跡の分布面積は12平方キロメートルとなっており、今日まで3000から5000年の歴史を有している。同遺跡は、今日まで、西南地区で発見された分布範囲が最大で、歴史沿革が最長で、遺跡の遺存が最も豊富な古城、古国、古い蜀文化の遺跡である。かつ、20世紀の人類の最も偉大な考古学的発見の一つと称せられ

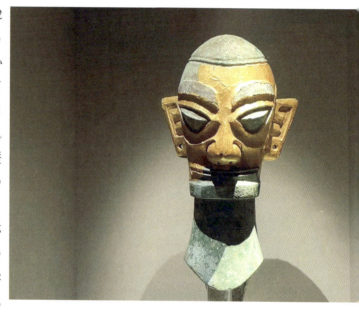

る。青銅大立人、縦目面具、国宝級の黄金手杖のように、大量の陶器、精美な青銅器、皇族を象徴する金器、各種の精美な陶器、玉器が出土したからである。

삼성퇴박물관

　삼성퇴 (三星堆) 박물관은 사천성광한시남흥진오리강가 (四川省广汉

市南兴镇鸭子河畔) 에 위치하고 성도에서 45 킬로미터 떨어져 있다 . 삼성
퇴는 세개의 기복이 있는 황토 더미와 유적지 뒤편에 달 모양의 대지가 있
어서 ' 삼성이 달을 수반하는 (三星伴月)' 기이한 광경을 이루었기 때문에
' 삼성퇴 ' 라고 불린다 . 삼성퇴 박물관은 전국중점문물보호 단위 (全国重点
文物保护单位) 로 테마 유적 박물관에 속한다 . 1997 년 10 월에 삼성퇴 박
물관은 정식적으로 개방 되었고 최초의 4 A 급 관광지이자 전국중점문물보
호단위 (全国重点文物保护单位) 이며 전 세계에서 처음으로 ' 녹색 세계 21'
에 인증을 받은 박물관이 되엇다 . 삼성퇴 유적지의 분포 면적은 12 평방 킬
로미터이고 지금까지 3000 ~ 5000 년의 역사를 가지고 있다 . 이것은 지금
까지 서남 지역에서 발견된 분포 범위가 가장 넓고 역사 연혁이 가장 길며
유적지가 가장 풍부한고 성 , 고국 (古国), 고촉 （ 古蜀) 문화 유적지이다 .
20 세기 인류에서 가장 위대한 고고학 (考古) 발견 중 하나로 불렸다 . 청동
대립인 (青铜大立人), 종목가면 (纵目面具), 국보급 (国宝级) 황금지팡이 ,
높 3.95 미터에 달하는 청동신수 (青铜神树) 등이 출토 되었다 .

九寨沟

九寨沟位于四川省阿坝藏族羌族自治州九寨沟县境内，属青藏高原向四川盆地的过渡地段，距离成都有400多千米，是一条纵深50余千米的山沟谷地，总面积6.4万公顷（1公顷=0.01平方千米），森林覆盖率超过80%。九寨沟

境内有数十座终年积雪的雪山和多姿多彩的瀑泉，有茂密的森林和众多的奇特海子。不仅有着大熊猫、金丝猴等国家一级保护动物，还有银杏、红豆杉等70多种珍稀植物。作为中国第一个以保护自然风景为主要目的的自然保护区，它于1992年12月14日被联合国自然遗产委员会列入"世界自然遗产名录"，1997年10月被联合国教科文组织列入世界生物圈保护区网络，2001年，取得"绿色环球21"认证合格证书。

九寨沟以其高山湖泊群、瀑布、彩林、雪峰、蓝冰和藏族风情并称的"九寨沟六绝"，被世人誉为"童话世界"，号称"水景之王"。俗话说："黄山归来不看山，九寨归来不看水"，水是九寨沟的精灵，九寨沟的水既五彩斑斓又纤尘不染，既动静相融又生生不息。它幻化出沟内高低错落的瀑布和大大小小的湖泊，这些高原湖泊还有着独具特色的名字：海子。关于这些海子的来历，还有这样一个传说：很久以前，俊朗的男山神达戈，用风月磨成一面宝镜，送给心爱的女山神卓玛，却不料，女山神不慎失手将宝镜打碎，碎片散落山谷间，变成了114个晶莹剔透的湖泊。众多海子中，镜海以倒影胜实景、水带波光、镜海月影的"镜海三奇"闻名。而有"九寨沟一绝"和"九寨精华"的海子五花海则以其形态之奇、色彩之奇、变幻之奇独树一帜。九寨沟的藏族同胞们赞扬"五花海是神池，它的水洒向哪儿，哪儿就花繁林茂、美丽富饶"。

九寨沟由岷山山脉中呈"Y"字形分布的日则沟、则查洼沟和树正沟三条沟所构成，因景区内分布着荷叶、树正、则渣洼等九个古老的藏族村寨，而得名"九寨沟"。关于九个寨子的由来，一直都有一个美丽的传说：相传主管世间的万物之神有九个聪明美丽的女儿，她们见到蟒蛇幻化的妖魔在水中

投毒祸害人民，便齐心协力制服了蛇魔。为了使这里长治久安，她们便留下来与九位藏族男子成家，并分别在九个寨子里居住下来,逐渐形成了九个部落,这九寨沟的名字也就由此而来。荷叶寨是进九寨沟的第一个寨子。数百年前,九寨沟的先民们从遥远的西藏阿里迁徙至此，繁衍生息，与周围的羌族、回族、汉族携手合作，创造了独特的文化。至今，九寨沟人的衣食住行、婚丧嫁娶和生产方式等，还保留着浓郁而古朴的藏民族传统：精美的服饰，香醇的青稞酒、酥油茶，洁白的哈达，欢快的踢踏舞,遍地的玛尼堆，高耸的佛塔，循环不息的转经轮，以及对宗教的虔诚。

Jiuzhaigou

Located in Jiuzhaigou County, Aba Tibetan and Qiang Autonomous Prefecture, Jiuzhaigou is a transitional area from the Qinghai-Tibet Plateau to the Sichuan Basin, more than 400 kilometers away from Chengdu. It is a valley with a depth of more than 50 kilometers, a total area of 640 square kilometers, and a forest coverage rate of over 80%. Jiuzhaigou has dozens of snow-capped mountains, colorful waterfalls and springs, primitive dense forests and many exotic Haizi(plateau lakes). There are not only national first-class protected animals such as giant pandas and golden monkeys, but also more than 70 rare plants such

as ginkgo and Chinese yew. As China's first nature reserve with the main purpose of protecting natural scenery, it was included in the World Heritage List by the

United Nations Natural Heritage Committee on December 14, 1992, and in the World Network of Biosphere Reserves by the UNESCO in October 1997. In 2001, it obtained the certification of "Green Global 21".

Jiuzhaigou is known for the "Six Wonders" including its high mountains and lakes, waterfalls, colorful forests, snow peaks, blue ice and Tibetan customs. It is also known as the "fairytale world" and the "King of Water Scenery". As the saying goes, "You'll never want to enjoy any other mountains after coming back from Huangshan, and you'll never want to enjoy any other rivers after coming back from Jiuzhaigou". The water here, as the elf of Jiuzhaigou, is colorful, spotless, and endless, both dynamic and static. The water gave birth to waterfalls with different height and lakes in various sizes in the valley. These plateau lakes also have a unique name: Haizi. The legend has it that: a long time ago, Dago, a handsome mountain god, grinded into a precious mirror by wind and moon, and gave it to his loved one, Zhuoma. But unexpectedly, the goddess accidentally shattered the mirror into pieces which were scattered into the valleys and became 114 glittering and translucent lakes. Among the many Haizi, Jinghai is famous for its reflection, shimmering water, and the shadow of moon. Wuhuahai, which is regarded as the essence of Jiuzhaigou, is unique in its shape, color, and changeability. It is praised by Tibetan compatriots there: "Wuhuahai is a pool of gods. Wherever its water follows, there will be numerous flowers and luxuriant forests, and the land will be beautiful and rich."

Jiuzhaigou is formed by three gullies in the Minshan mountains, namely Rizegou, Zechawagou and Shuzhenggou, which are distributed in the shape of "Y". It is named Jiuzhaigou because of the nine ancient Tibetan villages in the scenic area, such as Heye, Shuzheng and Zechawa. There is a mythical tale about its origin: the god of the world has nine wise and beautiful daughters. They saw python-shaped demons poison the water and harm the people, so they subdued the snakes together. In order to realize long lasting peace, they stayed with nine Tibetan men and lived in nine stockades. They gradually formed nine tribes, and the name of Jiuzhaigou gradually spread. Heye Village, the first village into Jiuzhaigou, is the best embodiment of Tibetan customs. Hundreds of years ago, the ancestors of

Jiuzhaigou migrated here from Ali, southwest China's Tibet autonomous region and created a unique culture by working hand in hand with the surrounding Qiang, Hui and Han people. Up to now, ancient Tibetan tradition can be found in Jiuzhaigou people's clothing, food, accommodation, marriage, funeral and production methods: exquisite clothes, mellow barley wine, butter tea, white hada, cheerful tap dance; piles of Mani stones (prayer stones), towering pagodas, cycle of prayer wheels, and the devotion to religion.

Jiuzhaigou

Jiuzhaigou se encuentra en el distrito de Jiuzhaigou de la prefectura autónoma tibetana y Qiang de Aba, provincia de Sichuan. Es una zona de transición desde la meseta Qinghai-Tíbet hasta la cuenca de Sichuan. Está a más de 400 kilómetros de Chengdu. Se trata de un valle de más de 50 kilómetros de largo, con un área total de

640 kilómetros cuadrados y una tasa de cobertura forestal de más del 80%. Hay docenas de montañas nevadas y coloridas cascadas en Jiuzhaigou, bosques densos, y un buen número de exóticos lagos de alta montaña conocidos con el nombre de Haizi. No solo hay animales nacionales protegidos de primera clase, como los pandas gigantes y los monos dorados, sino también más de 70 especies vegetales raras, como el ginkgo. Fue la primera reserva natural en China creada para proteger el paisaje natural; el Comité de las Naciones Unidas la incluyó en la Lista del Patrimonio Mundial Natural el 14 de diciembre

de 1992, y pasó a formar parte de la Red Mundial de Reservas de Biosfera de la UNESCO en octubre de 1997; finalmente obtuvo la certificación "Globo Verde 21" en el 2001. Jiuzhaigou es conocido como el "mundo de los cuentos de hadas" con sus prístinos lagos alpinos, cascadas, coloridos bosques, picos nevados, hielo azul y costumbres tibetanas. El nombre Jiuzhaigou viene de los nueve pueblos tibetanos antiguos dispersos por la comarca.

九寨溝

　九寨溝はアバチベット族羌族自治州九寨溝内に位置し、青蔵高原から四川盆地に向かう通過地点に属する。距離は成都から約400キロメートルであり、一本の５万メートルに及ぶ山溝谷地であり、総面積は640平方キロメートル、森林被覆率は80％を超えている。九寨溝域内には数十箇所の万年雪を頂く雪山と多彩な滝、原始の生い茂った森林と多くの珍しい湖沼が存在している。多くのパンダ、金糸猿等の国家一級の保護動物を有し、さ

らに、銀杏、紅豆杉等の70数種の珍しい植物を有している。中国で初めての自然風景の保護を以て主要目的となす自然保護区として、1992年12月14日、国際連合から「世界自然遺産名録」に列せられ、1997年10月には、国際連合ユネスコ組織から世界生物圏保護区ネットに列せられた。2001年には、「グリーン　グローバル　２１」認証合格証書を取得している。九寨溝は高山、湖沼群、滝、彩林、雪山、藍氷とチベット族の風情を以て「九寨溝六絶」と称し、人々からは「童話世界」と讃えられ、「水景の王」と称せられている。地区内には9箇所の古老のチベット族の村が分布し、「九寨溝」の名を得ている。

주자이거우

주자이거우 (九寨沟) 는 사천성아바장족강족자치주구자이거우현 (四川省阿坝藏族羌族自治州九寨沟县) 에 위치하고 칭장 고원에서 사천 분지로 넘어가는 중간 지대이다 . 성도에서 400 여 킬로미터 떨어져 있고 종심 50 여킬로미터가 되는 골짜기이다 . 전체 면적은 640 평방킬로미터이고 삼림의 점유율은 80% 를 넘는다 . 주자이거우에는 일년 내내 눈이 쌓인 설산과 다채로운 폭천 (瀑泉) 이 있고 무성한 삼림과 많은 기이한 바다가 있다 . 판다 , 금원숭이 등 국가 1 급 보호 동물뿐만아니라 은행나무 , 팥삼나무 등 70

여종의 진귀한 식물도 있다 . 중국 최초의 자연 풍경 보호를 주요 목적으로 하는 자연 보호구로서 1992 년 12 월 14 일에 연합국 자연 유산 위원 회 (联合国自然遗产委员会) 에 등재했고 1997 년 10 월에 연합국에 의해 세계 생물권 보전 지역 네트워크에 등재 했으며 2001 년에 ' 녹색 세계 21 ' 인증을 받았다 . 주자이거우의 고산 호수군 , 폭포 , 채림 , 설봉 , 푸른얼음과 장족의 풍정은 ' 주자이거우거우 6 절 (九寨沟六绝) ' 이라고 불리며 ' 동화 세계 ' 라고 불리며 ' 수경의 왕 ' 이라고 불린다 . 지역 안에 9 개의 고대 장족 마을이 분포 되어있고 ' 주자이거우 ' 라는 이름으로 불린다 .

剑门关

剑门关位于四川省广元市剑阁县北部，面积186平方千米，是国务院1982年公布的首批国家级重点风景名胜区，是剑门蜀道风景名胜区的核心景区。

1000多年前，唐朝诗人李白的一句"蜀道之难，难于上青天！"，让这条深藏在崇山峻岭中的道路名扬天下。蜀道是历史上由中原通往四川道路的统称，而人们常说的蜀道，主要就是指途经广元剑门关的剑门蜀道，它一直是中原与四川盆地之间的主通道，其历史比意大利的古罗马大道还要早。剑门关蜀道有文字记载的历史，可以上溯到2 300多年前的五丁开道，它南起成都，北上经广元出川，进入陕西汉中，直通八百里秦川，剑门关蜀道的精华，浓缩在了广元境内。

剑门关的修建和剑阁县的设立与三国有关。刘备在成都定都以后，于公元217年设立了剑阁县，加强了对剑阁的防守。不仅如此，还以剑阁为中心，将汉中到成都的距离连成了一个整体，保证了从成都至梓潼，穿剑阁过昭化，直到陕西勉县、汉中这条剑阁道的安全和畅通，为以后诸葛亮出岐山、姜维伐中原创造了条件、打下了基础。从战国以来，凡有志于蜀中称王的人，必须先攻下这道天险。民间有一说："打下剑门关，犹如得四川。"从晋朝的李特起义，到建立前蜀的皇帝王建，后蜀的皇帝孟知祥，一直到明末农民起义的首领张献忠，都莫不如此。由此可见，无论攻与守，剑门关的确可以起到牵一发而动全身的作用。

剑门关的核心景点是关楼。经过历代重建后，关楼成为剑门蜀道上的一处靓丽风景。但在1936年修筑川陕公路时，关楼被毁。为了使天险剑门重现雄姿古貌，关楼于1992年再建，汶川大地震后，重建的关楼恢复了原貌，与周围的险山幽壑环境浑然一体。在剑门关关楼上远眺，北可及长安，南可达成都；开关可以北击中原，闭关可以自守蜀汉。

　　《北伐军行图》是一组以三国为内容的花岗石浮雕。第一幅反映的是三国蜀汉大军北伐时经过剑门关的行军情况，第二幅反映的是诸葛亮指挥千军万马过剑门的场景，第三幅反映的是搬运粮草的情景，第四幅反映的是随军的乐伎演奏器乐、宣传鼓劲的情形。

　　地处蜀道咽喉的剑门关，作为四川的北大门，是古代的交通枢纽，民族迁徙的通道，中原文化与巴蜀文化长期交流的走廊。这里不仅有雄奇灵秀的好山好水，更以其深厚的历史沉淀名扬四海，见证了四川这个"天府之国"几千年来的纵横。

Jianmen Pass

Jianmen Pass, located in the north of Jiange County, Guangyuan City, covers an area of 186 square kilometers, which is the core scenic spot of Jianmen Shudao Scenic Area. In 1982, it was recognized as one of the first group of national key sites of historical and scenic interest by the State Council.

More than a thousand years ago, Li Bai, the poet of the Tang Dynasty, said, "The Road to Shu is harder than to climb the sky!" This verse made the Shu Road hidden in the high mountains well known to the world. The ancient Shu Road is a collective name for the roads from the Central Plains to Sichuan in history. The Shu Road now refers to the Jianmen Pass Road, which is the gateway to Jianmen Pass in Guangyuan City, Sichuan Province. It has always been the main passage between the Central Plains and the Sichuan Basin. This Road has a longer history than that of the ancient Roman Avenue in Italy. The record history of Jianmen Pass can be traced back to 2,300 years ago. It starts from Chengdu in the south, goes northward through Guangyuan city to Hanzhong city of Shaanxi province, and traverses the Guanzhong Plain. The main part of the Jianmen Shudao is mainly concentrated in the area Guangyuan.

The construction of Jianmen Pass and the establishment of Jiange County are related to the Three Kingdoms. After Liu Bei (the founder of Shu Kingdom in the Three Kingdoms era) chose Chengdu as the capital of the Shu Kingdom, he established Jiange County in 217 to strengthen his defense for Jiange. In addition, he connected the road from Hanzhong City to Chengdu City, with Jiange county as the center to ensure safety of this passage. The building of this road helped Zhuge Liang(a well-known military strategist of Shu Kingdom) to attack Wei Kingdom, and Jiang Wei(a general of Shu Kingdom) to attack the Central Plains

later. Since the Warring States Period, anyone who wants to proclaim himself emperor of Sichuan must conquer Jianmen Pass. It said that the occupation of Jianmen Pass is equal to the occupation of the whole Sichuan Province, which can be proved by the historical figures such as Li Te, the leader of uprising in the Jin Dynasty, Wang

Jian, the emperor of Qianshu kingdom, Meng Zhixiang, the king of the Houshu Kingdom, and Zhang Xianzhong, the leader of the peasant uprising in the late Ming Dynasty. Therefore, Jianmen Pass was definitely an important pass both for attack and defense in the history.

The core attraction of Jianmen Pass is the Guanlou, a beautiful scenic spot on the Jianmen Road. But it was destroyed to construct Sichuan-Shaanxi Highway in 1936. In order to represent its majesty, Guanlou was rebuilt in 1992. After the Wenchuan Earthquake, it was restored to its original appearance, which is integrated with the surrounding environment. From it, Chang'an could be seen in the north and Chengdu in the south; By opening this pass, the army could be sent to attack the Central Plain; while by closing this pass, the enemy could be prevented.

The Northern Expeditionary Army Map, a group of granite reliefs, tells stories of the Three Kingdoms. The first granite relief depicts the army's march of Shu Kingdom when passing Jianmen Pass in the Northern Expedition. The second one describes that Zhuge Liang commanded the powerful army to cross the Jianmen

Pass, and the third pictures the scene of carrying military supplies, and the fourth portrays the army's musicians who are playing music to cheer the army.

Located at the throat of Shu Road, Jianmen Pass is the northern transportation gate of Sichuan. It is an ancient transportation hub, a passage for ethnic migration, and a corridor for long-term exchanges between the Central Plains culture and the Bashu culture. It boasts not only the mountains and rivers, but also the profound history, which has witnessed the thousands of years of changes in Sichuan.

Jianmenguan

El área escénica de Jianmenguan se encuentra en el norte del condado de Jiange, ciudad de Guangyuan, provincia de Sichuan, y tiene una superficie de 186 kilómetros cuadrados. Está dentro del primer grupo de paisajes nacionales clave decretados por el Consejo de Estado en 1982, y es el núcleo del área escénica del camino Shu de Jianmen. El legendario camino Shu se refiere principalmente a la carretera del paso de Jianmen que pasa por Jianmenguan de Guangyuan, que siempre fue el paso principal entre las llanuras centrales y la cuenca de Sichuan, y es más antiguo que las famosas calzadas romanas. Según la historia escrita, el paso se remonta a la vía Wuding hace más de 2.300 años. Comienza en el sur de Chengdu y va

hacia el norte a través de Guangyuan. Entra en Hanzhong, Shaanxi, y pasa a través de Qinchuan. Y la parte principal del paso de Jianmen se concentra en el territorio de Guangyuan. La construcción de Jianmenguan y el establecimiento del condado de Jiange están relacionados con los Tres Reinos. Después de establecer la capital en Chengdu, Liu Bei creó el condado de Jiange en 217 DC y reforzó su defensa. No contento con eso, además lo tomó como punto de conexión del Hanzhong con Chengdu, lo que garantizó la seguridad y la vía libre del paso, pero creó también las condiciones para que Zhuge Liang y Jiangwei atacaran las llanuras centrales.

剣門関

　剣門関地区は広元市剣閣県北部に位置している。面積186平方キロメートルであり、国務院が1982年に公布した第一次国家級重点風景名勝区であり、剣門蜀道風景名勝区の核心地区である。蜀道は、主として、広元剣門関を経由する剣門蜀道を指すものであり、一貫して中原（中国中央部）と四川盆地の間の主たる道である。その歴史はイタリアの古代ローマ大道と比較しても、なお早いものがある。剣門関蜀道が文字記載を有する歴史は2、3千年前の五丁開道に遡りうるものであり、南は成都に起点を持ち、北上して、広元出川を経て、陝西漢中に入り、八百里秦川に直通する。剣門関蜀道の精華は主として、広元の地域内に濃縮されている。剣門関の修築と剣閣県の設立は三国時代と関連がある。劉備が成都に首都を定めて以降、西暦217年に剣閣を設立し、剣閣への防御を強化した。度々、剣閣を中心となし、漢中から成都に至る1千数里を全体として連結し、成都から梓潼への安全を保証したのである。剣閣に道を穿つことによって、昭化を超え、陝西勉県、漢中に直通するこの剣閣道の安全と順調な交通は以後、諸葛亮が岐山を出、姜維が中原を北伐するための条件を創造し、又、基礎をなしたのである。

검문관

검문관은 사천성광원시검각현북쪽 (四川省广元市剑阁县北部) 에 위치하고 면적은 186 평방킬로미터이며 국무원 (国务院) 에서 1982 년에 발표한 최초의 국가급중점풍경명승지 (国家级重点风景名胜区) 로 검문촉도 (剑门蜀道) 풍경 명승지의 핵심 관광지이다 . 고대촉도는 중원에서 사천으로 통하는 도로로 통칭 되었으며 , 사람들이 흔히 말하는 촉도는 주로 광원의 검문을 거친 검문 촉도를 가리킨다 . 중원과 사천분지 사이의 주요 통로로서 , 그역사는 이탈리아의 고대 로마대로 보다 더욱 이르다 . 검문관촉도의 문자로 기록된 역사는 2300 년전의 오정개도 (五丁开道) 로 거슬러 올라갈수 있다 . 남부는 성도에서 시작하여 북쪽으로 광원을 거쳐 사천을 건너 산시한중 (陕西汉中) 에 들어가 팔백리진천 (八百里秦川) 까지 직통한다 . 검문관촉도의 정화 (精华) 는 주로 광원 경내에 농축되었다 . 검문관 건립과 검각현 (剑阁县) 의 설립은 삼국과 관련이 있다 . 유비 (刘备) 는 성도에 수도를 정한후 기원 217 년에 검각현을 설립하여 검각에 대한 수비를 강화했다 . 뿐만아니라 검각을 중심으로 한중 (汉中) 에서 성도에 이르는 천여리를 하나의 전체로 연결 시켜 성도에서 재동 (梓潼) 으로 검각을 통과하여 소화 (昭化) 를 거쳐 산시면현 (陕西勉县) 에 도착했다 , 한중의 검각도의 안전과 창통은 제갈량이 기산을 벗어나 강유가 중원을 북벌하기 위한 조건을 창조하고 기초를 닦았다 .

蒙顶山

蒙顶山位于四川省雅安市名山区西北，最高峰上清峰，海拔1456米。蒙顶山因"雨雾蒙沫"而得名，又因常年降雨量达2000毫米以上，古称"西蜀漏天"。现为国家4A级旅游区，与著名的峨眉山、青城山齐名，并称四川的三大名山。

蒙顶山是世界茶文化的发源地。由于蒙顶山的海拔高度、土壤、气候等最适合茶叶的生长，因此早在2 000多年前的西汉时期，蒙顶山茶祖师吴理真就开始在蒙顶山栽种野生茶树，开始了人工种茶的历史。唐宋时期是蒙顶山茶的极盛时期。蒙顶山茶从唐玄宗天宝元年（724年）被列为贡品，作为天子祭祀天地祖宗的专用品始，一直沿袭到清代，历经1200多年而不间断。其实，蒙顶山茶真正成名天下，不仅因为它是贡茶，还因为它被当地老百姓所喜爱，与民同在。在宋朝的时候，蒙顶山的民间已经形成了饮酒吃饭前先品茶的习俗，并将其雅称为"茶筵"。由此可见，蒙顶山茶和百姓的生活早已息息相关，密不可分。

不仅如此，蒙顶山还可以说是茶马古道的第一站。茶马古道又被称为南方丝绸之路，最早由西汉时期的司马相如开临邛道、牦牛道、灵关道，通云南达缅甸，后来，成为四川茶叶贸易的一条古道。因为蒙顶山盛产茶叶，而西南少数民族地区需要大量饮用茶，所以在蒙顶山，现今还可以看到历史年代久远的古蒙泉、皇茶园、甘露石室，以及蒙仙姑的雕像，这些都是蒙顶山作为种茶圣山的一个历史佐证。

Mengding Mountain

Mengding Mountain is located in the northwest of Mingshan County, Ya'an City, Sichuan Province. The summit is Shangqing peak, 1,456 meters above sea level. As the annual rainfall on the mountain is up to 2,000 millimeters, Mengding Mountain is foggy and misty, which contributes to its Chinese name "Meng" (foggy and misty). It is now a national 4A-level tourist area, one of the three famous mountains of Sichuan, the other two being Mount Emei and Mount Qingcheng.

Mengding Mountain, the birthplace of tea culture in the world, is favorable for the growth of tea because of its altitude, soil and climate. Thus early in the Western Han Dynasty, Wu Lizhen, the ancestor of Mending Tea, began to domesticate and plant wild tea trees there and initiate the domestication of tea trees. The Tang and Song Dynasties were the heyday of Mengdingshan Tea. In 724 (the first year of Emperor Xuanzong's reign in the Tang Dynasty), Mengding Tea was listed as a tribute to the ancestors, heaven and earth, which was inherited to the Qing Dynasty and lasted for more than 1,200 years. It was favored both by the emperors and the ordinary people, making it widely popular in China. In the Song Dynasty, the folk of Mengding Mountain formed the habit of drinking tea before eating, which was called "tea feast". Therefore, Mengding Mountain tea has long been closely related to people's life.

In addition, Mengding Mountain is said to be the first stop of the Tea-horse Ancient Road, also known as the Southern Silk Road which was originally opened by Sima Xiangru in the Western Han Dynasty, through the Linqiong Road, the Maoniu Road and the Lingguan Road to Yunnan and Myanmar. The Road later became an ancient route of the tea trade in Sichuan. As Mengding Mountain is rich in tea, and the southwest minority areas have great demand for tea, a lot of traces of tea history can be found in Mengding Mountain, such as ancient Mongolian Springs, Imperial Tea Gardens, honey dew chambers and Statue of Mengshan Fairy, all of which make Mengding Mountain a holy mountain for tea.

El monte Mengding

El monte Mengding se encuentra en el noroeste del distrito de Mingshan, ciudad de Ya'an, provincia de Sichuan, al noroeste de la ciudad. Su pico más alto es Shangqing, con una elevación de 1.456 metros. Ahora se ha convertido en una atracción turística nacional de nivel 4A, junto con el Monte Emei y el Monte Qingcheng, y se las conoce como las tres montañas con más fama de Sichuan. El monte Mengding es el lugar de nacimiento de la cultura mundial del té. Debido a que la altitud, el suelo y el clima son de lo más adecuado para el crecimiento del té, ya en la dinastía Han occidental, hace más de 2.000 años, Wu Lizhen, padre del cultivo del té en el monte Mengding, comenzó a cultivar árboles de té silvestres, además de plantarlos en hileras. Las dinastías Tang y Song fueron los días de gloria del té de Mengdingshan. Desde el año 724 antes de Cristo, este té fue considerado auspicioso para las ofrendas especiales del emperador a los antepasados, práctica

que fue heredada por la dinastía Qing y que se mantuvo ininterrumpidamente por más de 1.200 años. Claro que el té de Mengdingshan se difundió e hizo famoso, no solo por ser un té para ofrendas, sino también porque es apreciado por la gente local que lo usa a diario. Además, puede decirse que el monte Mengding es el punto de partida de la antigua ruta del té. Esta antigua ruta del té, también conocida como la Ruta de la Seda del Sur, fue una ruta creada con motivo del comercio del té de Sichuan. En el monte Mengding también se puede ver la antigua fuente de Gumeng, el jardín imperial del té, la sala de piedra de Ganlu y la estatua de Meng Xiangu, que son las evidencias históricas del lugar que lo califican como el gran santuario del té.

蒙頂山
蒙頂山は雅安市名山県の西北に位置し、最高峰の上清峰は海抜1456メー

トルである。現在、国家4A級風景名勝区であり、著名な峨眉山、青城山と共に名を連ね、かつ四川の三大名山と称されている。

蒙頂山は世界の茶文化の発源地である。蒙頂山の海抜高度、土壌、気候等は最も、茶葉の成長に適していることによって、早くも2千年余前の前

漢時代には、蒙頂山の茶祖師・呉理真が正に蒙頂山にて、野生の茶葉を育成、栽培し、茶の歴史を始めたのであった。唐代、宋代は蒙頂山の極めて隆盛した時期であった。唐の玄宗の天宝元年（西暦724年）には献上品に列せられ、皇帝が天地祖宗を祭る専用品となり、一貫して、清代にまで踏襲されたことによって、1200数年、絶えることがなかった。実際、蒙頂山の茶はまさに天下に名を成し、度々、献上茶となり、さらに、当地の民衆からも喜ばれたが故に、民衆と共にあったのである。これのみならず、蒙頂山は、さらに茶馬古道の第一の起点であった。茶馬古道は、又、南方のシルクロードとも称され、四川の茶葉貿易の一本の古道でもあった。蒙頂山では、現在なお、歴史年代の長い古蒙泉、皇茶園、甘露石室があり、さらに蒙仙姑の彫像を見ることができる。これらはいずれも、蒙頂山の茶の聖山としての一つの歴史の象徴となっている。

몽정산

몽정산 (蒙顶山) 은 사천성야안시명산현 (四川省雅安市名山县) 서북쪽에 위치하고 최 고봉인 상청봉 (上清峰) 의 해발은 1456 미터이다 . 현재는 국가 4A 급 관광지로 유명한 아미산 (峨眉山), 청성산 (青城山) 과 함께 이름을 알리고 사천의 3 대 명산으로 불린다 .

　　몽정산은 세계 차 문화의 발상지다 . 몽정산의 해발 고도 , 토양 , 기후 등이 찻잎의 생장에 가장 적합하기 때문에 2000 여년 전의 서한 (西汉) 시대에 몽정산 차의 창시자인 오리진 (吴理真) 은 몽정산에서 야생 차나무를 심으므로서 인공 재배의 역사가 시작되엇다 . 당송 (唐宋) 시대는 몽산차 (蒙山茶) 의 절정기였다 . 당나라 현종천보원년 (唐玄宗天宝元年)(724 년) 부터 임금이 천지를 제사하는 특별 용품으로 청나라 (清代) 시대까지 답습되었고 1200 여년이 지나도 끊이지 않았다 . 사실 몽정산 차가 진정으로 세상에 이름을 알린것은 공차라서가 아니라 현지 백성들에게 사랑받고 백성들과 함께였기 때문이다 . 뿐만아니라 몽정산은 차마고도 (茶马古道) 의 첫번째 장소라고 할수있다 . 차마고도 (茶马古道) 는 남방실크로드 (南方丝绸之路) 라고도 불린다 . 그후에 사천 찻잎 무역의 고도가 되었다 . 몽정산에서 지금은 역사가 유구한 고몽천 (古蒙泉), 황차원 (皇茶园), 감로석실 (甘露石室), 그리고 몽선고의조각 (蒙仙姑的雕像) 을 볼수있다 . 이 조각상들은 모두 몽정산이 차성산 (茶圣山) 의 역사적 증거이다 .

余暇

成都大熊猫繁育研究基地

成都大熊猫繁育研究基地位于四川省成都市成华区外北熊猫大道，距市中心10千米，距成都双流国际机场30余千米，是世界著名的大熊猫迁地保护基地、科研繁育基地、公众教育基地和教育旅游基地。作为"大熊猫迁地保护生态示范工程"，它是国内开展大熊猫等珍稀濒危野生动物移地保护的主要基地之一。成都大熊猫繁育研究基地成立于1987年，并于1995年荣获了联合国环境规划署颁发的"全球500佳"称号，2006年又被评为国家4A级旅游景区。

大熊猫分布在我国四川北部、陕西和甘肃南部，是我国的一类保护动物，也是我国特有的珍稀动物。据国内动物学家考证，早在100多万年前，大熊猫就已经分布在我国南方地区，大熊猫长期生活在高山深谷中的竹林里，过着神秘的"隐士"生活。虽然大熊猫常常被形容得可爱逗人，但熊猫家族在经历了百万年的磨炼之后，形成了独具特色的体态——它们有着厚密而防水的皮毛，长着又长又尖的爪子，是一种面部肌肉强壮、牙齿硕大的强悍动物。正是因为如此，这些"隐士"才能在百万年的动物进化史中脱颖而出，存活

至今，成为动物王国里的活化石。

大熊猫是中国的"国宝"，是友谊深厚的象征、和平友好的使者，是世界生物多样性保护的标志，也因此受到全世界人民的喜爱。大熊猫也是四川的宝贵动物资源，正因为它与人类在这里和谐共生，四川也因此有了"天府之国，熊猫故乡"的美名。

成都大熊猫繁育研究基地以建造园林的手法模拟大熊猫野外生态环境——碧水如镜，林涛阵阵，百鸟谐鸣，被誉为"国宝的自然天堂，人类的世外桃源"。大熊猫产房、熊猫饲养区、科研中心、熊猫医院分布有序，若干处豪华熊猫"别墅"散落于山林之中，不同年龄段的大熊猫在这里繁衍生息，其乐融融。

Chengdu Research Base of Giant Panda Breeding

Chengdu Research Base of Giant Panda Breeding (hereinafter referred as the Base), is located at North Panda Road, Northern Suburb, Chenghua District of Chengdu City, Sichuan Province, 10 kilometers away from downtown and about 30 kilometers away from Chengdu Shuangliu International Airport. It is the world's famous giant panda ex-situ conservation base, scientific research and breeding base, public education base, and tourism base. As the "giant panda ex-situ conservation ecological demonstration project", the Base is one of the main bases in China for the protection of rare and endangered wild animals including giant pandas. The Base, established in 1987, was awarded the Global 500 by the United Nations Environment Programme in 1995 and a National 4A-Level Tourism Attraction in 2006.

Distributed in northern Sichuan Province, Shaanxi Province and southern Gansu Province of China, the giant panda is the first-class state protected animal and unique rare animal in China. According to Chinese scientists' research, as early as more than 1 million years ago, the giant panda had existed in the southern region of China. For a long time, the giant panda lived a mysterious life in the bamboo forest in mountains and deep valleys like the recluse. Although being cute and funny, over millions of years' biological evolution, the giant panda is actually a kind of strong and tough animal with unique physical characteristics, thick waterproof fur, long pointed claws, strong facial muscles and big teeth. That is why it has survived from millions of years of animal evolution and becomes a living fossil in the animal kingdom.

The giant panda, as the national treasure of China, is a symbol of friendship, a messenger of peace as well as a symbol of world biodiversity protection, so it is welcomed and loved by people all over the world. Living in harmony with human beings here, the giant panda is also the unique and precious natural resource of Sichuan province, which is also called the home to panda.

The Base used the techniques of constructing gardens to simulate the wild ecological environment of giant pandas, so it is honored as "the paradise for Panda" and "the utopia for men". Panda nursery house, Panda breeding area, scientific research center and panda hospital are orderly distributed, and several well-built panda enclosures are dotted in forest, where the giant pandas of different ages live happily.

Centro Base de Investigación de la Cría del Panda Gigante de Chengdu

El Centro Base para la Investigación de la Cría del Panda Gigante de Chengdu

se encuentra en el norte de la carretera del Panda, en el distrito de Chenghua, en Chengdu, provincia de Sichuan. Es un centro de protección y reubicación de pandas gigantes famoso, así como lugar de investigación para su cría, y centro público de educación y turismo. Como el "proyecto de demostración ecológica de conservación ex situ del panda gigante", la Base es una de las principales bases en China para la protección de animales salvajes raros y en peligro de extinción, incluidos los pandas gigantes. Fue inaugurado en 1987, ha recibido el galardón del "Programa Global 500 del Medio Ambiente" de las Naciones Unidas en 1995. En 2006, fue clasificada como una atracción turística nacional de nivel 4A. El panda gigante se distribuye en el norte de Sichuan, Shaanxi y el sur de Gansu, está en la primera categoría de animales protegidos y también es una de las especies animales raras de China. El panda gigante es considerado un tesoro nacional en China, es un símbolo de paz, amistad y buena fortuna, y todo un emblema de la conservación de la biodiversidad mundial; por lo tanto es apreciado y querido por todos. El panda gigante es también un regalo único que la naturaleza ha hecho a Sichuan; es por su coexistencia armoniosa con los seres humanos que esta provincia se ha hecho famosa como "la tierra de la

abundancia y el hogar de los pandas".

パンダ繁殖研究基地

成都パンダ繁殖研究基地は四川省成都市成華区に位置し、世界の著名

なパンダ保護基地と科学研究繁殖基地である。基地は1平方キロメートルを占め、「パンダの生態保護を示すプログラム」として、国内のパンダ等、危機に瀕する珍奇な野生動物の保護を展開する主要な基地の一つである。成都パンダ繁殖研究基地は1987年に成立し、1995年には国際連合環境規劃署（UNEP）が頒布した「グローバル500」の称号を得た。2006年、パンダ基地は国家の4A級旅行景区と認定された。パンダは四川省北部、陝西または甘粛省南部に生息する保護動物の一種であり、中国特有の珍奇な動物である。パンダは中国の「国宝」であり、吉祥と友好の象徴や平和友好の使者と見られ、世界の生物の多様性保護の標幟と平和友好の象徴である。また、パンダは全世界の人民の好感を受ける四川の独特かつ貴重な自然資源である。故に、「天府の国、パンダの故郷」の名を有しているのである。

판다 기지

성도판다번식연구기지 (成都大熊猫繁育研究基地) 는 사천성도시성화구외북판다 대로 (四川省成都市成华区外北熊猫大道) 에 위치하고 세계적으로 유명한 판다이주 보호기지 (大熊猫迁地保护基地), 과학연구번식기지

(科研繁育基地) 이다 . 기지는 면적이 1 평방킬로미터되고 ' 판다이주를보호생태시범공사 (猫迁地保护生态示范工程)' 로서 국내 에서 판다 등 희귀한 야생동물 이지를 보호하는 주요 기지 중 하나이다 . 성도 판다 번식 연구 기지는 1987 년에 설립 되었고 1995 년에 연합국환경기획서 (联合国环境规划署) 에서 발급한 ' 세계 500 대 ' 칭호를 받았다 .2006 년에 판다 기지는 국가 4A 관광지로 선정되었다 .

　판다는 중국 사천 북부 , 산시성과 감숙성 남부에 분포 되어있고 중국에서 보호하 는 동물이자 중국 특유의 진귀한 동물이다 . 판다는 우리나라의 국보로 길상 (吉祥) 과 우의의 상징이자 평화와 친선 (友好) 의 사자 (使者) 로 세계 생물의 다양성 보호 표지이자 평화와 친선의 상징이기 때문에 전 세계 국민들의 사랑을 받았다 . 판다는 우리사천의 독특하고 소중한 자연자원이기도한다 . 바로 인류와 함께 살기 때문에 ' 천부지국 , 팬더고향 (天府之国 , 熊猫故乡)' 이라는 아름다운 이름을 얻었다 .

都江堰水利工程

都江堰水利工程位于四川省都江堰市玉垒山下岷江中游，都江堰市城西，距离成都 55 千米，是中国首批 5A 级景区，国家级重点风景名胜区，2000 年被联合国教科文组织列入"世界文化遗产名录"，也是世界自然遗产——大熊猫栖息地的组成部分。

都江堰水利工程始建于战国时期，距今已有 2200 多年的历史，是秦国蜀郡太守李冰父子在前人鳖灵开凿的基础上组织修建的大型水利工程，是全世界迄今为止，年代最久、唯一留存、仍在使用、以无坝引水为特征的宏大水利工程。2000 多年来，它一直发挥着防洪灌溉的作用，实现了对成都平原的"自流排灌"，使其成为水旱从人、沃野千里的"天府之国"。所谓"自流排灌"是指人们以最富智慧的简略工程设计，巧妙驾驭江河奔流的自然特性，一劳永逸地解决了成都平原的给排水问题。因此，联合国有关专家将都江堰誉为人类古代农耕文明史上最璀璨的明珠。

都江堰水利排灌系统由鱼嘴、飞沙堰和宝瓶口等三大主体工程构成。鱼嘴顾名思义就是一个像鱼嘴的分水堤，它把岷江一分为二：流向西边的外江和流向东边的内江。它有两大功能：一是"分流"，二是"排沙"。都江堰建成前，丰水季节的岷江犹如洪水猛兽，带给成都平原非常可怕的洪涝灾害，而枯水季节的岷江之水又贵如灯油，成都平原也因此干渴难耐。鱼嘴分水堤的构建，兼顾了岷江丰水期和枯水期不同的水利需求，解决了丰水期以排洪防涝为主，而枯水期则以取水灌溉为重的问题。此外，鱼嘴可以阻止洪水期 80% 的沙石进入内江，有效减轻淤积之害。飞沙堰，意为泥沙飞堰而过，古人精确计算了它的设计高度，让其高度刚好高过内江河床 2.15 米，既有利于排洪溢沙，又不会影响宝瓶口的安全进水量，正是因为这样，才使得都江堰

畅流2 300多年。宝瓶口意为珍宝瓶之口，是成都平原灌溉系统中的重要组成部分。古人巧妙地将其取水流向与岷江流向打造成了一个90度的夹角，其独创优势至少有三项：一是保障了取水口永无被洪水冲毁之忧；二是为飞沙堰的二次排沙功能创造条件；三是永久性地控制了岷江水进入成都平原的流量，防止水量过大而造成成都平原水患。这就是都江堰水利系统可持续运转至今的关键所在。

Dujiangyan Irrigation System

Dujiangyan Irrigation System, is located in the middle reaches of Minjiang River at the foot of Yulei Mountain and the west of Dujiangyan City, about 55 kilometers away from Chengdu, Sichuan Province. It is one of the first 5A-level scenic spots and national key scenic spots in China. In 2000, it was listed as a World Cultural Heritage by UNESCO. Besides, it is also a part of the giant panda habitat, the World Natural Heritage.

First built in the Warring States Period, Dujiangyan Irrigation System has a history of over 2,200 years. Li Bing, the governor of Shu County (today's Sichuan) of Qin State, together with his son, organized the construction of the large-scale water conservancy project on the basis of the achievement of the predecessor: Bieling (the legendary king of ancient Shu Kingdom). Dujiangyan Irrigation System has been the world's only existing ancient irrigation system which diverts water without a dam and is still used for practical purposes. It has been playing the role in flood control and irrigation of Chengdu Plain for more than two thousand years through automatic drainage and irrigation, making it the "land of abundance". The so-called "automatic drainage and irrigation" refers to the control and distribution of waters in the Chengdu Plain through irrigation structure designed based on people's wisdom and natural characteristics of rivers. Therefore, relevant experts of the United Nations regard Dujiangyan Irrigation System as the most brilliant pearl in the history of ancient agricultural civilization.

Dujiangyan Irrigation System is composed of three main projects: Yuzui, Feishayan and Baopingkou. Yuzui, as its name implies, is a water-dividing dyke like the mouth of a fish, dividing the Mingjiang River into two parts-one part flows westward to the outer river, and the other part flows eastward to the inner river. Yuzui has two main functions: one is "diversion"; the other is "sand discharge". Before the construction of Dujiangyan Irrigation System, the water of Minjiang River was like a monster during the flood season, which brought terrible flood disaster to Chengdu Plain. While during the dry season, the water of Minjiang River was as precious as oil, resulting in drought in Chengdu Plain. Yuzui takes into account the different water demand of the Minjiang River during the flood season and the dry season, solving the problem of flood drainage during the flood season, and irrigation problem in the dry season. In addition, Yuzui can prevent 80% silt from entering the inner river during the flood period, which effectively reduce the harm of sediment deposition. Feishayan spillway, the height of which has been calculated accurately by the ancients, is 2.15 Meters higher than the riverbed of the inner river, which is not only conducive to flood discharge and sediment spill, but also guarantees water intake of Baopingkou. That is why the water in Dujiangyan has flowed smoothly for more than 2,300 years. Baopingkou water inlet, namely "the mouth of the treasure bottle" is one of the most important part in the irrigation system of Chengdu Plain. The ancients ingeniously made

a 90-degree angle between its water intake direction and the flow direction of Minjiang River. This design has at least three advantages: First, it ensures that the water inlet will never be destroyed by flood; Second, it creates conditions for the secondary sediment discharge of the Feishayan spillway; Third, the volume of water flowing from Minjiang River into Chengdu Plain has been controlled permanently to prevent disasters caused by excessive water volume. This is the key to the sustainable operation of Dujiangyan Irrigation System.

Dujiangyan

Proyecto de conservación del agua de Dujiangyan se encuentra en el curso medio del río Ming, que se sitúa debajo del monte Yulei en la ciudad de Dujiangyan, provincia de Sichuan, a 55 kilómetros de Chengdu. Ocupa uno de los primeros lugares entre las atracciones turísticas nacionales de nivel 5A en China, y es un entorno paisajístico clave a nivel nacional. Fue catalogado como Patrimonio

Cultural Mundial por la UNESCO en el año 2.000 y también forma parte del patrimonio natural mundial al formar parte del hábitat de los pandas gigantes. El proyecto de conservación del agua de Dujiangyan fue construido en el Período de los Reinos Combatientes, tiene una historia de más de 2.200 años. Li Bing, el gobernador del condado de Shu (hoy Sichuan) del estado de Qin, junto con su hijo, organizaron la construcción del proyecto de conservación de agua a gran escala sobre la base del logro del predecesor. Consta de tres grandes obras cada una con un propósito diferente, conocidas como Yuzui, Feishayan y Baopingkou, y es uno de los proyectos más grandes del mundo de control de aguas. Es desde luego el más antiguo de los que quedan, todavía está en uso y se caracteriza por la desviación del agua sin embalses. Ha estado desempeñando un papel clave en el control de las inundaciones durante más de dos mil años, y ha conseguido el drenaje automático y el riego de las fértiles llanuras de Chengdu, convirtiéndolas en la proverbial "tierra de la abundancia".

都江堰の水利施設

都江堰の水利施設は、都江堰玉璽山下岷江中流域に位置し、成都から55キロメートルの距離にある中国の5A級風景区である。国家級の重点風景名勝区である。2000年には、国際連合ユネスコ組織から「世界文化遺産」名簿に登録され、また、世界自然遺産－パンダ生息地の構成部分でもある。都江堰の水利施設は戦国期に始まり、今日から遡ること、既に2200年の歴史を有し、秦の蜀郡太守・李冰父子が前人の作った基礎上に、大型水利施設を修築し、魚嘴分堤防、飛沙堰、宝瓶口等の部分から組成したものである。現在に至るまで止まることなく、史上最長の歴史を有し、現在に至っても唯一使用されるダムによらない引水式の水利施設である。二千年を超え、一貫して洪水防止と灌漑に機能し、成都平原に対する排水と灌漑を実現したのであり、氾濫と旱魃を抑え、沃野千里の「天府の国」をなさしめたのである。

도강언수리공사

　도강언수리공사 (都江堰水利工程) 는 사천성도강언시옥루산아래민강중류 (四川省都江堰市玉垒山下岷江中游) 에 위치하고 성도에서 55 킬로미터 떨어져있다 . 중국 최초의 5A 급 관광지고 국가급 중점 풍경 명소이다 . 2000 년에 국제연합교육과학문화기구 (联合国教科文组织) 에 의해 ' 세계문화 유산명부 ' 에 등재 되었고 세계 자연유산인 판다서식지 (大熊猫栖息地) 의 구성부분이다 . 도강언수리공사는 전국 (战国) 시대에 설립되었고 지금까지 2200 여년의 역사를 가진다 . 진나라촉군태수이빙부자 (秦国蜀郡太守李冰父子) 가 별령 (鳖灵) 이 판 기초에서 조직한 대형 수리공사로 전세계에서 가장 오래되고 유일하게 보존 , 사용하고 있는무댐인수 (无坝引水) 를 특징으로 하는 커다란 수리공사이다 .2000 여년 동안 홍수를 방지하는 관개작용을 발휘하여 성도 평원에 대한 자동적인 배수와 관개를 실현하여 범람과 가뭄을 막아 옥야천리 (沃野千里) 의 ' 천부지국 (天府之国)' 으로 되었다 .

光雾山

光雾山位于四川省巴中市南江县北部，主峰海拔 2500 米，景区面积 830 余平方千米。1993 年被四川省人民政府列为全省重点风景名胜区。2004 年被国务院批准为国家重点风景名胜区。2009 年成为国家 4A 级旅游景区。光雾山动植物资源十分丰富，生态文化秀美奇特，已逐步成为"春赏山花、夏看山水、秋观红叶、冬览冰挂"的国内旅游重要目的地。

光雾山每一个季节都在展示着自己的不同，以秋景最迷人。景区每到金秋就呈现出万山红遍、层林尽染的绚丽奇观。颜色变化由蓝、绿、黄、橙、红梯次形成，观赏期久，分五彩斑斓、层林尽染、万叶飘零三个阶段。光雾山红叶具有五大特点：一是面积大，气势壮观。景区面积 830 余平方千米，其中就有 580 平方千米的红叶景观。二是色彩丰富，五彩斑斓。一般红叶以红色为主，而光雾山的红叶颜色呈梯次变化，以蓝、绿、黄、橙、红为主，这是其他红叶观赏区无法相比的。三是周期长，景色分明。观赏红叶时间长达一个月之久，第一个阶段看红叶五彩斑斓，第二个阶段看红叶层林尽染，第三个阶段看红叶万叶飘零。四是种类多，内容丰富。光雾山红叶有水青冈、枫树等 40 多个品种；有手掌状、羽毛状等 20 多种形状；有火红、品红等 10 多种颜色。五是品位高，出身名门。曾有英国、德国、法国、加拿大和美国的植物专家考察后，把光雾山景区称为"金区"，把光雾山红叶称为"金叶"。

Guangwu Mountain

Guangwu Mountain is located in the north of Nanjiang County, Bazhong City, Sichuan Province. Its main peak is 2,500 meters above sea level and its scenic area is over 830 square kilometers. In 1993, it was listed as a provincial key scenic spot by Sichuan Province. In 2004, it was approved by the State Council as a national key scenic spot. In 2009, it became a national 4A-level tourist attraction. Guangwu Mountain boasts diverse animals and abundant plants with peculiar ecological culture. Thus it has become an ideal domestic tourism attraction at different seasons.

The scenery in Guangwu Mountain changes with seasons, with autumn being the most charming. In autumn, the scenic spot presents a gorgeous spectacle with thousands of forests dyed red. The color varies from blue, green, yellow, orange to red. The viewing period lasts for a long time, which is divided into three stages. The red leaf here has five main characteristics: First, it has large area. The scenic spot occupies 830 square kilometers with 580 square kilometers of red leaves landscape. Second, it displays diverse colors. Generally speaking, red leaves are mainly red, while the red leaves here change from blue, green, yellow, orange to red in succession, which cannot be seen in other red leaf scenic spot. Third, it enjoys distinctive landscape and lasts

for a long period. It may last for over a month for tourists to appreciate them. In the first stage, tourists can appreciate the colorful red leaves; in the second stage, all the red leaves are dyed red; in the third stage, tourists can view the falling red leaves. Fourth, it has diverse species. There are more than 40 varieties of red leaves in Guangwu Mountain, such as fagus and maple and more than 20 shapes such as palm shape and feather shape, and more than 10 colors such as fiery red and pinkish red. Fifth, it has great value. After investigation by plant experts from Britain, Germany, France, Canada and the United States, Guangwu Mountain Scenic Area is reputed to be a "Golden Area" and red leaves "Golden Leaves".

El monte Guangwu

El monte Guangwu se encuentra en la parte norte del condado de Nanjiang, ciudad de Bazhong, provincia de Sichuan. El pico principal está a 2,500 metros sobre el nivel del mar y el área escénica tiene más de 830 kilómetros cuadrados. En enero de 2004 fue catalogado por el Consejo de Estado como un entorno paisajístico clave a nivel nacional. En 2009 se convirtió en una atracción turística nacional de nivel 4A. Los bosques de hojas rojas del monte Guangwu tienen cinco características principales: Primero, el área es vasta y su impacto, espectacular — las vistas abarcan 830 kilómetros cuadrados, de los cuales hay 580 kilómetros cuadrados de hojas rojas; en segundo lugar, tiene una gran riqueza cromática, las hojas son principalmente rojas, mientras que los matices de rojo del monte Guangwu cambian de forma gradual, desde el azul, el verde y el amarillo al naranja y el rojo predominante; tercero, apreciar lo distintivo del paisaje requiere un largo periodo de tiempo, que suele ser un mes y puede dividirse en tres etapas; cuarto, hay una gran variedad de árboles y especies contribuyendo a semejante riqueza cromática; y en quinto lugar, dejan una elevada y honda impresión. Después de las inspecciones realizadas por expertos naturalistas del Reino Unido, Alemania, Francia, Canadá y Estados Unidos, el Área Escénica del monte Guangwu fue calificada cómo "Área Dorada" y a su hoja roja se le ha llamado "Hoja Áurea".

光霧山

光霧山は四川省巴中市南江県北部に位置し、主峰の海抜は2500メートル、地区の面積は830平方キロメートルである。2004年1月、国務院から批准され、国家重点風景名勝区となり、その後、2009年には国家4A級風景名勝区となった。

光霧山の紅葉は5つの大きな主たる特徴を持っている。1つは、面積が大きく、気宇が壮大なことである。地区は830平方キロメートルを有しているが、その中にはまさに580平方キロメートルの紅葉景観があるのである。2つには色彩が豊富なことである。一般に、紅葉は赤色が主であるが、光霧山の紅葉の色は順次、変化するのであり、青、緑、黄、橙、赤を主た

るものとしている。3つは、周期が長く、景色の違いが明確なことである。紅葉を鑑賞する時間は1ヶ月の長さに達する中で、3段階の景観を有する。4つには種類が多く、内容豊富であることである。5つには品位が高く、味わい深いことである。かつて、英国、ドイツ、フランス、カナダまたは米国の植物専門家が考察した後、光霧山地区を「ゴールデンエリア」と称し、光霧山の紅葉を「金の葉」と称したのである。

광 무 산

광무산은 사천성바중시남강현북부 (四川省巴中市南江县北部) 에 위치하고 주봉은 해발 2500 미터이며 관광지면적은 830 여평방킬로미터이

다 .1993 년에 성인민정부 (四川省人民政府) 에의해 전성의 중점 풍경 명승지로 지정되었다 .2004 년 원월에 국무원에서 국가 중점 풍경 명승지로 비준했다 .2009 년에 국가 4A 급관광지로 되었다 .

광무산의 단풍은 5 가지 주요 특징을 가진다 . 하나는 면적이 크고 기세가 장관이다 . 풍경구는 830 평방킬로미터가 있는데 그중에서 580 평방킬로미터의 단풍 경치가 있다 . 두번째는 색채가 풍부하고 오색찬란하다 . 보통 단풍은 빨간색을 위주로 하지만 광무산의 단풍색은 계단식 변화를 나타내며 파란색 , 녹색 , 노란색 , 오렌지 , 빨간색을 위주로한다 . 셋째는 주기가 길고 경치가 분명하다 . 단풍을 구경하는 시간은 한달동안 3 단계로 나눌수 있다 . 넷째는 종류가 많고 내용이 풍부하다 . 다섯째는 품위 가 높고 명문 출신이다 . 영국 , 독일 , 프랑스 , 캐나다와 미국의 식물 전문가들이 고찰한 후에 광무산 관광지를 ' 금구 (金区)' 라고 부르고 광무산의 단풍을 ' 금엽 (金叶)' 이라고 불렀다 .

峨眉山

峨眉山坐落于四川省乐山市管辖的峨眉山市，地处四川盆地的西南边缘，

距成都约 160 千米，距乐山约 40 千米，是大峨山、二峨山、三峨山的总称。"高出五岳，秀甲神州"，峨眉山是邛崃山脉绵延的一支，是在距今 2000 万年前的地壳运动中产生的。它从辽阔的川西平原拔地而起，最高峰万佛顶海拔 3099 米，与山脚相对高差 2600 米。相对高差的悬殊

和得天独厚的地理条件造就了它那雄伟的山体景观，秀丽的植物景观以及神奇的气象景观，被人们誉为"震旦第一山"。1996 年峨眉山与乐山大佛一起被联合国教科文组织评定为世界自然与文化双遗产，2007 年被评选为国家 5A 级旅游景区。

俗话说"自古名山僧占多"。得天独厚的峨眉山是佛教徒向往的理想建寺之地，历史悠久。自秦代开始，就有方士在山上隐居。东汉末年，道教便在山上兴起，被称为"灵陵太妙天"。魏晋以来，佛教逐渐在山上修建寺庙，称为"大光明山"。唐宋以后，峨眉山上佛教兴盛，逐渐成为佛教圣地，鼎盛期时全山有大小寺院近百座。它与山西五台山、浙江普陀山和安徽九华山并称为中国四大佛教名山。

如果把峨眉山看成一尊巨型坐佛，山脚的报国寺和伏虎寺就是它的双脚，半山的万年寺则为佛的肚脐，金顶为佛头，而洗象池便是佛的心脏。历史上峨眉山寺院最多时达 110 余座，其中最大的一座寺院就是伏虎寺。关于伏虎寺名字的由来，主要有两种说法，一种说法认为，伏虎寺后面的山势形似一只伏卧着的老虎，因此得名。另一种说法认为，宋朝时这里虎狼为患，修伏虎寺是为了镇压虎狼，故僧人将寺取名伏虎寺。伏虎寺修建于晋代，由晋时心庵和尚初建。伏虎寺拥有中国铜塔之最高的"华严塔"和全山最大的"罗汉堂"，朱德元帅也曾题诗赞叹伏虎寺"幽谷多俊秀，草木尽峥嵘"。万年寺白水池畔不远处就是峨眉山现存最古老、最有价值的古建筑普贤殿，又称

无梁砖殿。寺庙背后依靠着山峰，寺前三方溪水环绕，远处峰峦叠翠。峨眉山植物资源丰富，有"植物王国"之称，全山有植物5 000多种，这些树种中连香、花楸、槭树、枫叶一到秋季，叶子就陆续由青转黄，由黄转红，各种植物叶子变色的深浅不同、时间先后也不同，因此出现了炫目的彩林，映衬在眼前安静而清幽的白水池中，清秀的山和绚丽的林就在这一汪池水中形成了美丽的画面。

Mount Emei

Mount Emei, is located in Emeishan, a city under the administration of Leshan, Sichuan Province. Standing on the edge of the Sichuan Basin, it is 160 kilometers away from Chengdu and 40 kilometers away from Leshan. Mount Emei, made up of three mountains, is a branch of Qionglai Mountains and was formed because of crustal movement 2,000 years ago. The summit of Mount Emei is Ten Thousand Buddhas at an altitude of 3,099 meters. A massive height difference of more than 2,600 meters was formed between today's mountain top and the Emei Plain. Due to the huge height difference and particularly favourable natural conditions, Mount Emei boasts its splendid scenery with the beauty of vegetation and the wonders of clouds and mists, which is called "the Greatest Mountain in China". In 1996, Mount Emei, together with The Giant Stone Buddha (also in Leshan City), were listed as a World Cultural and Natural Heritage site by UNESCO. In 2007, it was added to the list of 5A-level attractions.

A Chinese saying goes, "The great mountains always appeal to Buddhist monks." Since ancient times, Mount Emei has been the ideal holy place for Buddhists. Monks lived in seclusion there since the Qin Dynasty. Taoism thrived here in the late Eastern Han Dynasty, referring to the Mountain as "Linglingtaimiao Fairyland" (a heavenly abode in Taoism). Buddhism also came to build temples

from the Wei and Jin Dynasties, calling it "the Great Enlightening Mountain". The Mountain witnessed the prosperity of the Buddhism in the Tang and Song Dynasties, during which nearly one hundred temples were constructed there and the Buddhism culture was brought to its climax, making Mount Emei one of the four most famous Chinese Buddhism mountains, the other three being Mount Wutai in Shanxi Province, Mount Putuo in Zhejiang Province and Mount Jiuhua in Anhui Province.

Mount Emei could be imagined as a giant sitting Buddha, with Baoguo Temple and Fuhu Temple at the bottom as his feet; Wannian Temple in the middle the navel; Gold Crest the head; and Elephant Bathing Pond the heart. The number of the temples has once reached about 110 in history. The largest one is Fuhu Temple, whose origin could be explained in two ways: some believe that it got the name because of its lying tiger-like shape, while others argue that the temple was built to scare away tigers and wolves which had caused great troubles to local people in the Song Dynasty, hence the name "Fuhu temple". This temple was firstly built in the Jin Dynasty by the Buddhist monk named Xin An. With the highest bronze Huayan Tower in China and the largest Luohan Hall in Mount Emei, Fufu Temple has won high praise from many people, including Zhu De (1886-1976), one of the founders of the People's Republic of China. Near Baishui Pool in Wannian Temple is Bodhisattva Puxian Hall, a beamless bricked hall and the oldest and valuable heritage building in Mount Emei. It is embraced by the river on three sides, with its back to the mountain. Known as the "Fairyland of Plants", Mount Emei is also abundant in plant resources, with over 5,000 kinds of plants in it. There are trees like cercidiphyllum japonicum, rowan, and maple, whose leaves, in autumn, turn from green to yellow, then from yellow to red in succession. The changes of leaves at different stages offers a colorful painting, which, together with the green forests, is reflected in the tranquil and beautiful Baishui Pool.

El monte Emei

El Monte Emei se encuentra en la ciudad de Emeishan, bajo la jurisdicción de la ciudad de Leshan, provincia de Sichuan, en el extremo suroeste de la cuenca de Sichuan, unos 160 kilómetros al sur de Chengdu. Se trata en realidad del nombre genérico para tres montañas. El Monte Emei es parte de las montañas Qionglai y surgió durante movimientos de la corteza terrestre hace 20 millones de años. Se eleva prominentemente desde las vastas llanuras del oeste de Sichuan, y su pico más alto, el Wanfengding, está a 3.099 metros sobre el nivel del mar, con lo que el desnivel desde el pie hasta la cima es de 2.600 metros. Esta gran prominencia y las condiciones geográficas únicas han creado un majestuoso paisaje de montaña, con un microclima y atmósfera mágicos. La Montaña Emei y el Buda Gigante de Leshan fueron catalogados por

la UNESCO como Lugares del Patrimonio Cultural y Natural Mundial en 1996, y en 2007 fue clasificada como atracción turística nacional de nivel 5A. Desde la dinastía Qin, ha habido alquimistas viviendo en las montañas. Al final de la dinastía Han oriental, también el taoísmo floreció allí. Más tarde, desde las dinastías Wei y Jin, el budismo fue construyendo gradualmente templos en las distintas vertientes del monte. Después de las dinastías Tang y Song, el budismo floreció de forma espléndida en Emei, pasando a ser considerado como un lugar sagrado del budismo. En el apogeo de dicho período, había casi un centenar de templos grandes y pequeños desperdigados por las laderas. Ha pasado a ser una de las cuatro más famosas montañas budistas en China junto con la montaña Wutai en Shanxi, la montaña Putuo en Zhejiang y la montaña Jiuhua en Anhui.

峨眉山

　峨眉山は楽山市が管轄する峨眉山市に位置し、四川盆地の西南周辺域にあり、成都から約160キロ離れた地区に位置する大峨山、二峨山、三峨山の総称である。峨眉山は邛崍山脈の一部であり、現代から遡ること二千万年前の地殻運動から生まれて来たものである。それは遠大な川西平原から隆起したものであり、最高峰の万仏頂は海抜3099メートルであり、山脈との相対的高低差は2600メートルである。相対的高低差のある隔たりと天を独占しているような地理条件はその雄大な山の景観、秀麗な植物の景観ならびに奇妙な気象の景観を造り出し、人々から「震旦第一山」と讃えられている。1996年、峨眉山と楽山大仏は共に、国際連合ユネスコ組織から世界自然遺産と文化遺産に認定され、2007年には、国家5A級風景名勝区に選定された。秦代から方士たちが山上で隠居し、後漢の末期には、道教が山上で隆盛した。魏、晋以来、仏教は徐々に山上に寺廟を修築した。唐、宋以降、峨眉山上では仏教が盛んになり、徐々に仏教の盛地となり、最も盛んであった時には、全山で大小100近くの寺院があった。山西省の五台山、浙江省の普陀山、安徽省の九華山と共に中国四大仏教名山と称される。

아미산

아미산은 사천성러산시가 관할하는 아미산시에 위치하고 사천분지의 서남쪽에 위치하 며 성도에서 약 160 킬로미터 떨어져있고 러산에서 약 40 킬로미터 떨어져있으며 , 대아산 (大峨山), 이아산 (二峨山), 삼아산 (三峨山) 의 총칭이다 . 아미산은 공래 (邛崃) 산맥의 일부이며 현대에서 2000 만년전의 지각 운동에서 생겨난것이다 . 아미산는 광활한 천서 평원에 우뚝 솟아올랐고 최고봉인 만불정 (万佛顶) 은 해발 3099 미터로 산 아래와 비교해서 2600 미터 떨어졌다 . 상대적으로 높은 차이를 보이는 현저한 차이와 우월한 지리적 조건으로 거대한 산 , 수려한 식물 경관과 신기한 기상 경치를 만들었기 때문에 사람들은 ' 진단제일산 (震旦第一山)' 이라고 부른다 .1996 년에 아미산과 러산대불은 공동으로 국제연합교육과학문화기구 (联合国教科文组织) 에 의해 세계 자연과 문화 이중 유산으로 평가 되었고 2007 년에 국가 5A 급 관광지로 선정되었다 . 진 (秦) 나라때부터 방사 (方士) 가 산에서 은거하였다 . 동한 (东汉) 말년에 도교가 산에서 흥기했다 . 위 (魏), 진 (晋) 나라 이래로 불교는 산위에 절 (寺庙) 을 지엇다 . 당 (唐), 송 (宋) 이후 아미산에서 불교가 발전하면서 불교의 성지로 되었다 . 전성기에 전산에는 크고 작은 절이 백개 가까이 있었다 . 산서오대산 (山西五台山), 절강보타산 (浙江普陀山), 안휘지우화산 (安徽九华山) 과 함께 중국 4 대 불교 명산이라고 불린다 .

蜀南竹海

蜀南竹海位于四川省宜宾市长宁、江安两县境内，面积120平方千米，核心景区44平方千米，植被覆盖率达87%，生长着楠竹、水竹、人面竹、琴丝竹等本土竹子58种，引种了巨龙竹、黄金间碧玉竹等竹子300多种，共有竹子427种，约46.7平方千米，翠竹覆盖了27条峻岭、500多座峰峦，被誉为竹的海洋，是我国空气负离子含量极高的天然大氧吧！与恐龙、石林、悬棺并称"川南四绝"。

蜀南竹海景区是首批国家4A级旅游景区，国家级风景名胜区，中国生物圈保护区，被誉为中国旅游目的地四十佳，中国最美十大森林，最具特色中国十大风景名胜区，获得"绿色环球21"认证。

竹海的形成主要得益于这里有非常适合竹子生长的地理位置和土壤气候条件。由于蜀南竹海位于"亚热带湿润季风带"，该气候极利于竹类的生长。良好的自然条件，使竹类迅速生长，加上历代劳动人民的辛勤培植，造就了万顷碧波的竹海。

景区以雄、险、幽、峻、秀著名，集山水、溶洞、湖泊、瀑布于一体，有八大主景区、两大序景区、134处景点，其中天皇寺、天宝寨、仙寓洞、青龙湖、七彩飞瀑、古战场、观云亭、翡翠长廊、茶花山、花溪十三桥等景观被称为"竹海十佳"。

在茫茫的竹海中，还零星地生长着杪椤、兰花、楠木、蕨树等珍稀植物；栖息着竹鼠、竹蛙、箐鸡、琴蛙、竹叶青（一种蛇）等竹海特有的动物；林中除了产竹笋，还有许多名贵的菌类：竹荪、猴头菇、灵芝、山塔菌等。据统计，竹海所产的中草药不下200种，堪称一个天然的大药园。

这里生活着的竹箐鸡、竹猴、竹蛙、透山龙、滚山珠、弹琴蛙、东方蝾螈等珍稀动物，令人大开眼界。

The Southern Sichuan Bamboo Sea

The Southern Sichuan Bamboo Sea covers an area of 120 square kilometers, stretching from Changning County to Jiang'an County, Yibin City, Sichuan Province. The core scenic area is 44 square kilometers, and the vegetation coverage rate is 87%. There are 58 kinds of native bamboos such as Nan bamboo (phyllostachys pubescens), Water bamboo (phyllostachy heteroclade) and more than 300 kinds of non-native bamboos, such as Dendrocalamus sinicius. There are total 427 kinds of bamboo in 27 ridges and more than 500 peaks, covering an area of about 46.7 square kilometers. Thus it is known as the ocean of bamboo and an ideal natural oxygen bar in China. It is also regarded as "the four wonders" in southern Sichuan along with dinosaurs, stone forest and hanging coffins.

Characterized by bamboo scenery, the Southern Sichuan Bamboo Sea is listed as "China's National Scenic Spot", "the 40 Best Tourist Attractions", "Chinese Biospheric Protection Zone", and "the First 4A-level Tourist Attraction". It's also known as "China's top 10 most beautiful forests", and "the most distinctive top 10 Chinese scenic spots". Besides, it has been certified as "Green Global 21".

The formation of bamboo sea is mainly due to the geographical location, soil and climate conditions which are very suitable for the growth of bamboo. As the

Southern Sichuan Bamboo Sea is located in the "subtropical humid monsoon" zone, the climate is very conducive to the growth of bamboo. Thus, the good natural environment, together with the hard work of the past generations of working people, contributes to the formation of a vase expanse of green bamboo sea.

The Southern Sichan Bamboo Sea boasts beautiful natural panorama with mountains, rivers, karst caves, lakes and waterfalls. There are 134 scenic spots in the scenic areas, and the highlights are Tianhuang Temple, Tianbao Village, Xianyu Cave, Qinglong Lake, Qicai Waterfall, Ancient Battlefield, Guanyun Pavilion, Jadeite Corridor, Camellia Mountain, Huaxi Thirteen Bridges.

Rare plants such as spinulose tree fern, orchid, nanmu, and ferns are dotted in this vast bamboo sea which is also the home to unique animals such as bamboo rat and green bamboo snakes and so on. In addition to bamboo shoots, there are many valuable fungi in the forest: bamboo fungus (hericium erinaceus), lingzhi mushrooms (glossy ganoderma) and Shanta fungus. According to statistics, there are no less than 200 kinds of Chinese herbal medicines in the bamboo sea, making it a large natural herbal park.

Besides, it is surprising that various rare animals can be found there.

El mar de bambú del sur de Sichuan

El mar de bambú del sur de Sichuan se encuentra cerca de la ciudad de Yibin, provincia de Sichuan, y cuenta con una superficie de 120 kilómetros cuadrados y un paisaje central de 44 kilómetros cuadrados. La cubierta vegetal es del 87%. Hay 427 tipos de bambú que cubren todo este área que incluye 27 montañas y más de 500 cotas. El mar de bambú del sur de Sichuan es un lugar natural de oxigeno con un contenido muy alto de aniones en el aire en China. Se lo cuenta entre las

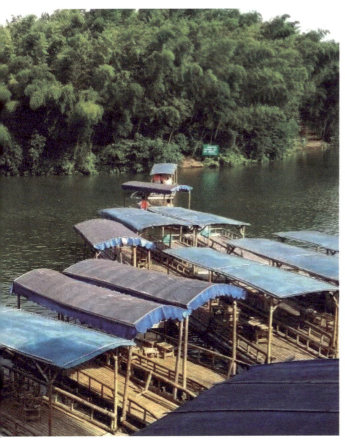

atracciones más célebres del sur de China, los llamados "cuatro fabulosos", junto con los restos de dinosaurios, el bosque de piedra y los féretros colgantes. El mar de bambú del sur de Sichuan acapara distinciones: se encuentra en el primer rango de atracción turística nacional de nivel 4A, en los 40 principales destinos turísticos de China, es Reserva de la Biosfera de China, se halla entre los diez bosques más bellos y los diez lugares turísticos más típicos de China; también ha obtenido la certificación "Globo Verde 21". Debido a las buenas condiciones naturales de la zona climática del "monzón húmedo subtropical", el bambú crece rápidamente, lo que unido al diligente trabajo y cuidado de la gente del lugar, ha creado este "mar de bambú". Hay también especies animales y vegetales raras o endémicas. Se trata de un escenario pintoresco famoso por su grandeza, peligro, aislamiento, nitidez y belleza. Hay 134 vistas panorámicas, que incluyen montañas, aguas, cuevas, lagos y cascadas. Entre los clasificados como "los diez mejores del Mar de Bambú" se encuentran el Templo Tianhuang y la aldea Tianbao.

蜀南竹海

　蜀南竹海は四川省宜賓市に位置し、面積は120平方キロメートル、核心の地区は44平方キロメートル、植物の被覆率は87%、竹が427種、約46.7平方キロメートルの面積がある。21の峻嶺、500余の連峰が翠竹に覆われ、竹の海洋と讃えられている。恐竜、石林、懸棺とならんで、川南（四川南部）の四絶と称されている。蜀南竹海区は初めての国家4A級風景区であり、国家級の風景名勝区である。又、中国の旅行目的地四十佳であり、中国生物圏保護区でもある。中国で最も美しい十大森林であり、最も特色を有する十大風景名勝区であり、さらに、「グリーン　グローバル　21」の認証をも獲得している。蜀南竹海が亜熱帯湿潤季節風帯に位置していることによって、良好な自然条件は、竹類を迅速に成長させ、加えて、歴代の労働人民の辛勤な培植が広々とした青い波の竹の海を造ったのである。その他、ここでは珍しい動植物が育てられている。地区は、雄、険、幽、峻、秀が有名であり、山水、溶岩洞窟、湖沼、滝が一体化し、134箇所の見所を有している。中でも、天皇寺、天宝寨等の景観は「竹海十佳」と称せられている。

촉남죽해

촉남죽해 (蜀南竹海) 는 사천성 이빈시에 위치하고 면적은 120 평방킬로미터이며 핵심풍경는 44 평방킬로미터에 달한다 . 식물 피복률은 87% 에 달하고 대나무 427 종 , 46.7 평방킬로미터 , 청죽 (翠竹) 은 27 개의 준령을 덮고 500 여개의 연봉이 있으며 대나무 바다로 불리며 우리나라 공기 음이온 (负离子) 의 함량이 매우 높은 천연대양바 (天然大氧吧) 라고할수 있다 . 공룡 (恐龙), 석림 (石林), 현관 (悬棺) 과 더불어 천남사절 (川南四绝) 라고 불린다 . 촉남죽해 풍경구는 첫차례 국가 4A 급 관광풍경구 , 국가급 풍경명승구 , 중국 관광 목적지 40 가 (中国旅游目的地四十佳), 중국 생물권 보존구 , 중국에서 가장 아름다운 10 대 삼림으로 가장 특색이 있는 중국 10 대 풍경 명소로서 ' 녹색 세계 21(绿色环球 21)' 인증을 받았다 . 촉남죽해는 ' 아열대습윤계절풍 (亚热带湿润季风)' 지대에 위치하기 때문에 양호한 자연조건은 죽류의 생장에 매우 유리하다 . 게다가 역대 노동인민들의 근면과 배식으로 만경창파 (万顷碧波) 의 죽해를 만들었다 . 그리고 아주 귀한 동식물이 여기서 자라고 있다 . 풍경구 는 웅 (雄), 험 (险), 유 (幽), 준 (峻), 수려함 (秀), 산수 , 동굴 , 호수 , 폭포가 있고 134 개의 관광지가 있으며 그중에서 천황사 (天皇寺), 천보채 (天宝寨) 등 경관은 ' 죽해십가 (竹海十佳)' 로 불린다 .

自贡恐龙博物馆

1987年，国家投资数千万元，在四川省自贡市大山铺恐龙化石遗址发掘现场修建了亚洲最大的恐龙自然博物馆——自贡恐龙博物馆。它与美国国立

恐龙公园、加拿大恐龙公园并称为世界三大恐龙博物馆，被誉为"东方龙宫"。博物馆占地27000平方米。1991年自贡恐龙博物馆被评为"中国旅游胜地四十佳"，并列入世界地质遗产提名录，2002年成为首批国家地质公园，国家4A级景区。

自贡恐龙博物馆极富特色：藏量巨大，含恐龙及鱼类、两栖类、龟鳖类、蛇颈龙类、鳄类等个体200多具；种类丰富，这里的化石不是一个种类单一或单调的脊椎动物化石群，而是几乎囊括了侏罗纪早、中、晚期的所有恐龙类别；遗迹壮观，馆内的化石埋藏厅是世界上可供观览的最大规模的化石埋藏现场之一；完整度高，大部分化石为关联保存在一起的完整骨架；精品荟萃，除保存完好的恐龙外，还有恐龙皮肤、恐龙蛋等稀有的遗迹化石，以及许多与恐龙同时代的动物和植物化石；价值特殊，在大山铺恐龙动物群发现之前，早、中侏罗纪的恐龙化石仅零星见于北非、西欧和澳大利亚等，以致在恐龙进化系列上不能很好地衔接，存在"盲区"。大山铺这一丰富的中侏罗纪恐龙化石群的发现，恰好填补了恐龙演化史上的空白，对研究恐龙及其相关古动物的系统演化、生理特征、生活环境等具有十分重大的科学价值；景致优美，恐龙博物馆主馆造型独特，园区内特别移植了30余株与恐龙同时代有"活化石"之称的植物——杪椤，充分营造了恐龙生活的史前环境。整个园区环境优美，风景宜人，是一个旅游、休闲的绝佳场所。

Zigong Dinosaur Museum

In 1987, our country invested tens of millions of yuan to build Zigong Dinosaur Museum—the largest natural dinosaur museum in Asia at the Dashanpu

Dinosaur Fossil Site in Zigong City, Sichuan Province. It is the three largest dinosaur museums in the world, together with the National Dinosaur Park in the United States and the Dinosaur Park in Canada. The museum covers an area of

27,000 square meters. In 1991, it was listed into "the Forty Best Tourist Resorts in China" and the nomination list of World Geological Heritage. In 2002, it became one of the first national geoparks and 4A-level scenic spots.

The museum has unique features: Firstly, it displays diverse species, including dinosaurs, fishes, amphibians, turtles, plesiosaurs, crocodiles and other 200 kinds of fossils. Secondly, it exhibits a variety of dinosaurs' fossils at different stages. The fossils include almost all the dinosaur groups of the early, middle and late Jurassic era apart from a monotonous vertebrate fauna. Thirdly, it has one of the largest fossil burial sites in the world. Besides, most of the preserved fossils are intact skeletons. In addition to well-preserved dinosaurs' fossils, there are dinosaur skin, dinosaur eggs, and other rare fossils, as well as many fossils of animals and plants of the same age as dinosaurs. Before the discovery of the Dashanpu dinosaur fauna, the early and middle Jurassic dinosaur fossils were found sporadically in North Africa, West Europe and Australia, thus the dinosaur evolutionary series can not be well connected because of the "blank history". The discovery of rich Middle Jurassic dinosaur fossil group in Dashanpu has filled in the blank of the history of dinosaur evolution and is of great scientific value to the study of the systematic evolution, physiological characteristics and living environment of dinosaurs and their related palaeo-animals. The main hall of the dinosaur museum has a beautiful scenery and a unique shape. More than 30 living fossil plants have been transplanted into the park to simulate the prehistoric environment in which dinosaurs lived. With beautiful scenery, this park is also an excellent place for tourism and leisure.

Museo de los Dinosaurios de Zigong

En 1987, el estado invirtió decenas de millones de yuanes para construir el museo natural de dinosaurios más grande de Asia en el sitio de excavación de fósiles de dinosaurios de Dashanpu, ciudad de Zigong, provincia de Sichuan: el Museo de Dinosaurios de Zigong. Este es uno de los tres museos de dinosaurios más importantes del mundo después del Parque Nacional de Dinosaurios de Estados Unidos y el Parque de Dinosaurios de Canadá, y se lo conoce como el "Palacio Oriental del Dragón". El museo cubre un área de 27.000 metros cuadrados. En 1991, fue incluido entre "los 40 mejores destinos turísticos de China" y en la Lista del Patrimonio Geológico Mundial. En 2002, se convirtió en el primer parque geológico nacional y en la atracción turística nacional de nivel 4A. El museo es muy especial: tiene una gran colección y una gran variedad. Aquí hay más de 200 grandes fósiles, incluidos casi todos los dinosaurios más conocidos del período  Jurásico temprano, medio y tardío; las muestras exhibidas son espectaculares. La sala del yacimiento de fósiles del museo es una de las más grandes del mundo; la calidad y el grado de integridad son muy altos, pues la mayoría de los fósiles son esqueletos intactos que mantienen su estructura. Además de los dinosaurios bien conservados, también hay pieles de dinosaurio, huevos de dinosaurio, fósiles raros y muchos fósiles de animales y plantas coetáneos con un valor especial. Esta colección llena un importante vacío en la historia de la evolución de los dinosaurios, y tiene un gran valor científico para su estudio. El paisaje es hermoso, el edificio principal tiene un diseño único, y se han trasplantado más de 30 helechos Alsophila spinulosa, un superviviente de la época de los dinosaurios que recrea admirablemente el ambiente prehistórico que debieron tener en vida.

自貢恐竜博物館

　1987年、中国政府は数千万元を投資して、アジア最大の恐竜自然博物館、大山浦恐竜化石遺跡の発掘現場に自貢恐竜博物館を建設した。これは、米国国立恐竜公園とカナダ恐竜公園に次ぐ世界最大の恐竜博物館の1つであり、「東洋の竜の宮殿」として知られている。博物館は27000平方メートルを占め、1991年に「中国の四大観光名所」と評価され、世界の地質遺産のリストに収録された他、2002年には国立ジオパークならびに国家4A級風景名勝区に指定された。博物館は極めて豊富な特色を有している。保管量は膨大で、種類は豊富であり、ここの化石200余は殆ど、ジュラ紀早期、中期、晩期に生きた恐竜の種類の全てを有している。遺跡は壮観であり、館内の化石埋蔵ホールは世界で観覧し得る最大規模の化石埋蔵現場の一つである。保全度は高く、大部分の化石は関連保存のために保全された骨格とともにある。逸品が集まっており、保存の完全な恐竜以外にも恐竜の皮

膚、卵等を有する稀有な化石があり、かつ、多くの恐竜と同時代の動植物の化石もある。恐竜の進化史上の空白を補填したのであり、恐竜研究等に対し、十分な科学的価値を有するという意味で、特別な価値を有するものである。景色は優美で、恐竜博物館は独特の造形をなし、園内には特別に30余の種類の恐竜と同時代の「生きた化石」と称する植物が移植されている―それらは十分に恐竜の生活という人類の歴史以前の環境を展示している。

자공공룡박물관

　　1987 년 중국 정부는 수천만원을 투자하여 사천성대산포공룡화석유적 발굴현장 (大山铺恐龙化石遗址发掘现场) 에 아시아 최대 공룡 자연 박물관인 자공공룡박물관 (自贡恐龙博物馆) 을 세웠다 . 미국 국립 공룡 공원 캐나다 공룡 공원과 같이 세계 3 대 공룡 박물관 중 하나로 동방 용궁으로 불린다 . 박물관의 전체면적은 27000 평방미터이다 .1991 년에 자공공룡박물관은 ' 중국관광지 40 가 (中国旅游胜地四十佳)' 로 선정되었고 세계 지질 문화유산의 명단에 올랐다 . 2002 년에 최초의 국가 지질 공원 , 국가 4A 급

관광지가 되었다. 박물관은 저장량이 매우 크다.200 여구의 종류가 다양하고 쥬라기 초, 중, 말기의 모든 공룡 유형을 포함했다. 공룡 유적지가 장관이고 박물관 안의 화석 매장청은 세계에서 볼수있는 가장 큰 규모의 화석 매장 현장 중 하나이다. 완전도가 높고 대부분 화석은 관련된 완전한 골격이다. 잘 보존되어있는것은 공룡외에 공룡피부, 공룡알등 희귀한 유적 화석과 공룡과 같은 시대의 많은 동물과 식물 화석이 있다. 가치가 특수하여 공룡진화사(恐龙演化史)의 공백을 메웠다. 공룡 및 그와 관련된 고대 동물의 체계적 진화, 생리적 특징, 생활 환경등을 연구하는데 매우 중요한 과학적 가치가 있다. 경치가 아름다우며 공룡 박물관의 본관은 조형이 독특하고 단지내에 30 여그루의 공룡과 동시대의 ' 활화석(活化石)' 사라나무(桫椤)을 특별 이식하여 공룡이 살았던 생활의 환경을 충분히 조성했다.

攀西大裂谷

攀西大裂谷位于四川南部，从四川凉山的冕宁县至云南的元谋县，呈南北走向，长300余千米，主体为四川的西昌至攀枝花段，故得名"攀西大裂谷"。

攀西大裂谷是泸沽湖旅游精品线、中国大香格里拉生态旅游环线及攀西阳光度假旅游区的重要节点，距泸沽湖116千米，距丽江376千米，沿省道216线（稻攀路）前行可达稻城、亚丁。

攀西大裂谷是与东非大裂谷并列的地质构造区，地球上极为罕见。特殊复杂的地质背景造就了奇伟险峻的锦屏山。锦屏地区山势陡峭，裸露的山体较多，形成微型峡谷，谷底空间狭小。在地质学上，裂谷通常被比喻为"地球的伤疤"，一般会蕴藏丰富的矿产资源，因此也有人称它是"上帝的馈赠"。所以攀西大裂谷也被誉为"金峡谷""富甲天下的聚宝盆""未来的工业天府""钒钛之都"。

攀西大裂谷作为"天然地质博物馆"，不仅矿产资源丰富，自然景观资源也十分丰富。主要自然景观以万亩杜鹃、原始森林、天然园林、大地盆景以及天坑地漏、地下溶洞、高山草甸为主，加上多民族的文化风情和博大精深的民族文化，使攀西大裂谷成为集生态旅游、文化观光、猎奇探险、民俗大观于一体极具特色的生态旅游区。

Panxi Rift Valley

Panxi Rift Valley is located in southern Sichuan, stretching from Mianning County in Liangshan, Sichuan Province to Yuanmou County, Yunnan Province. It is more than 300 kilometers long and its main part is from Xichang City to Panzhihua City in Sichuan, hence the name Panxi Rift Valley. 116 kilometers away f rom Lugu Lake and 376 kilometers away from Lijiang City, Southwest China's Yunnan Province, Panxi Rift Valley is an important scenic spot, from which people could get to Daocheng and Aden, another two famous tourist attractions along the Daopan

Road.

Panxi Rift Valley has the similar geological structure area as that of East Africa Rift Valley, which is extremely rare on the earth. The special and complicated geological background gives birth to magnificent and peculiar Jinping Mountain. It is steep with many bare surfaces, so micro canyons with narrow bottoms are formed. Geologically, rift valleys are usually compared to "scars on the earth" and are generally rich in mineral

resources, thus they are called "gifts from God" by some people. Therefore, the Panxi Rift Valley is also known as the "Golden Canyon", "the cornucopia of wealth in the world", "the future industrial land" and "the capital of vanadium and titanium".

As a "natural geological museum", Panxi Rift Valley is endowed with both mineral resources and natural resources. The main natural landscapes include a large area of cuckoo, primeval forest, natural garden, bonsai, doline, underground

karst cave and alpine meadow. With multi-ethnic cultural customs and extensive and profound ethnic culture, Panxi Rift Valley has become a unique eco-tourism area integrating eco-tourism, cultural sightseeing, adventure and hunting, and folk custom.

Gran Valle de Panxi

El Gran Valle de Panxi se encuentra en el sur de la provincia de Sichuan y tiene más de 300 kilómetros de largo. Su parte principal va desde Xichang a Panzhihua, Sichuan, de ahí el nombre de "Gran Valle de Panxi". Su estructura geológica es similar al Gran Valle del Rift, lo que resulta extremadamente raro

en nuestro planeta. Su especial condición geológica y su compleja estructura han dado forma a la magnífica sierra de Jinping. El área de Jinping tiene montañas escarpadas que dan lugar a profundas gargantas con un fondo muy estrecho. En geología, este gran valle es llamado a menudo "la cicatriz de la tierra", y contiene una gran cantidad de recursos minerales, por lo que para otras personas no deja de ser "un regalo de Dios". Y así, el Gran Valle de Panxi recibe nombres variados como el "Cañón Dorado" el "Cuenco del Tesoro", o la "Capital del vanadio y el titanio". Como museo geológico natural, el Gran Valle de Panxi no solo es rica en recursos minerales, sino también rica en recursos naturales. En las zonas salvajes se pueden apreciar rododendros, jardines naturales y praderas alpinas, dolinas y cuevas subterráneas, además de las variadas costumbres de los diferentes pueblos con culturas autóctonas aún arraigadas. El Gran Valle de Panxi se ha convertido en una zona ecoturística que combina el turismo cultural, la aventura y el folklore.

攀西大裂谷

攀西大裂谷は四川省南部に位置し、四川省西昌から攀枝花に至り、長さは300キロメートルを超える谷である。攀西大裂谷は東アフリカ大裂谷に並ぶ同じ地質構造であり、地球上では、極めて稀少なものである。中でも、さらに珍しい地形を備えるのは錦屏山である。錦屏地区の山の地形は険し

く、裸山が多く、谷底の空間は狭い。裂谷は通常「地球の傷」と言われ、その下に鉱物資源が埋蔵されているため、「神様のプレゼント」とも称される。故に、攀西大裂谷は「金の峡谷」や「天下を豊かにする宝を集める盆」、「未来の工業の天府」や「チタンの都」とも讃えられる。攀西大裂谷には万苗のツツジ、原始の森、天然の憩いの場、大地の盆栽および地下洞窟などの名所があり、さらに多民族の文化風情も見られる。まさに生態旅行、文化観光、珍しさを求める探検、少数民族の生活風景を一体に集めた特色を有する旅行区である。

반서대열곡

　　반서대열곡 (攀西大裂谷) 은 사천남부에 위치하고 사천의 서창 (西昌) 에서 판즈화에 이르기까지 길이가 300 킬로미터가 넘는 골짜기이다 . 반서대열곡은 동아프리카 대 분곡 (大裂谷) 과 병립한 지질 구조구로 지구상에서 매우 보기드물다 . 그중에서 더욱 기묘한 지형을 가진것은 금병산 (锦屏山) 이다 . 금병지역 (锦屏地区) 은 산세가 가파르고 노출된 산이 많다 . 지

질학적으로 열곡 (裂谷) 은 흔히 ' 지구의 흉터 ' 로 불리며 풍부한 광산자원이 있기 때문에 ' 하나님의 선물 ' 이라고도 부른다 . 그래서 반서대열곡도 ' 금협곡 (金峡谷)', ' 부갑천하의 화수분 (富甲天下的聚宝盆)', ' 미래의 공업천부 (未来的工业天府)', ' 바나듐 과티타늄의 도시 (钒钛之都)' 로불린다 . 반서대열곡에는 진달래 , 원시삼림 , 천연휴식장 , 대지의분재 (大地의盆栽) 와 , 지하 용동등 명승지가 있고 다 민족 문화의 풍정이 있다 . 그리고 생태 여행 , 문화 관광 , 희귀성을 요구하는 탐험 , 민속대관 (民俗大观) 이 하나로 모인 특색을 가진 풍경구이다 .

武侯祠

成都武侯祠位于成都市区南面，是中国唯一的一座君臣合祀祠庙和最负盛名的蜀汉君臣纪念地，也是全国影响最大的三国遗迹博物馆。武侯祠整个景区占地15万平方米，享有"三国圣地"的美誉。

武侯祠始建于公元223年，距今已经有将近1800年的历史。1961年它被国务院评为第一批全国重点文物保护单位，1984年正式成立博物馆，于2006年被国家旅游局评为4A级景区，2008年又被国家文物局评为首批国家一级博物馆。

其实最早这里并不是"武侯祠"，而是给蜀汉皇帝刘备修建的陵寝——惠陵。蜀汉皇帝刘备去世，下葬于惠陵，按照汉朝的陵寝制度，有陵必有庙，为了方便祭祀，旁边又修建了一座规模较小的庙宇，世称"先帝庙"或者"惠陵祠"。由于诸葛亮和刘备的关系密不可分，大约在南北朝的时候，主事者又将纪念蜀汉丞相诸葛亮的"武侯祠"迁建到了汉昭烈庙旁边。因为诸葛亮生前被封为武乡侯，死后谥号"忠武侯"，所以纪念他的祠堂被称作"武侯祠"。唐朝初年，武侯祠被迁到先帝庙旁边。到了明代，蜀王朱椿认为武侯祠靠近先帝庙不合礼制，"君臣应为一体"，遂将武侯祠并入先帝庙作为配祀，形成前庙后祠的格局，统称"汉昭烈庙"。明朝末年，张献忠兵败四川，对四川进行了毁灭性的破坏，武侯祠祠庙荒废，但唯独惠陵保存完好。今天人们所看到的这座祠庙，是清康熙十一年（1672年）时在原址上重建的，前殿为纪念刘备及蜀汉文臣武将的汉昭烈庙，后殿才是真正意义上纪念诸葛亮的武侯祠。正是因为这样的建筑格局，使得成都武侯祠成为全国唯一的一座君臣合祀祠庙。

武侯祠有三绝碑、刘备殿、诸葛亮殿、惠陵、三义庙等景点。从唐代开始，碑刻艺术就成了武侯祠的一大文化特色。武侯祠现存碑刻50余通，分别镌刻于唐、明、清以及近现代。其中，以文绝、书绝、刻绝闻名的"三绝碑"最具代表性；诸葛亮殿又称"静远堂"，意思取自诸葛亮的《诫子书》中"非宁静无以致远"这句话；惠陵建于公元223年，是武侯祠景区修建最早也是

最核心的景点，据说里面埋葬着蜀汉昭烈皇帝刘备和他的甘、吴二位夫人，有12米高的封土堆，周长180米；"三义庙"，顾名思义，就是纪念刘、关、张三人结义的庙宇。

Chengdu Wuhou Shrine Museum

Chengdu Wuhou Shrine Museum is located in the south of Chengdu city, covering an area of 150,000 square meters. It is known as the "the sacred land of the Three Kingdoms" for it is a shrine commemorating both Liu Bei, the founder emperor of Shu Kingdom and his loyal minster Zhuge Liang,which was highly

praised by Du Fu (Chinese famous poet) and Deng Xiaoping (former president of China).

Wuhou Shrine, built in 223 AD, has a history of 1,800 years. In 1961, it was listed into national key cultural relics protection units by the State Council. In 1984, the museum was established. The shrine was listed as national 4A-level tourist attraction in 2006 and national first-class museum in 2008.

Actually, Wuhou Shrine was originally built as a mausoleum for Liu Bei. According to the regulation of mausoleum constitution in the Han Dynasty, every mausoleum should be equipped with a temple. So a temple was built to worship Liu Bei, known as Mausoleum of Emperor Liu Bei or Hui Mausoleum. As Zhuge Liang was the military strategist of Liu Bei, the mausoleum of Zhuge Liang was moved close to the mausoleum of Liu Bei later. During the Ming Dynasty, Zhu Chun, the Emperor of Shu Kingdom, decided to combine the Wuhou Shrine and the Mausoleum of Emperor Liu Bei as a whole because of the regulation of mausoleum construction. So their mausoleums are collectively known as the Hanzhaolie. At the end of the Ming Dynasty, Wuhou Shrine was destroyed in a war, but the Mausoleum of Emperor Liu Bei was preserved well. Today's shrine was rebuilt on the original site in the 10th year during the reign of Emperor Kangxi of the Qing Dynasty. The front hall of the shrine is Hanzhaolie temple constructed to commemorate Liu Bei and other eminent minsters of Shu Kingdom. And the back hall of the shrine is Wuhou Shrine constructed to commemorate Zhuge Liang. Thus, Chengdu Wuhou Shrine become well-known for this unique layout.

Wuhou Shrine has Tablet of the Three Excellences, Liu Bei Hall, Zhuge Liang Hall, Hui Mausoleum, Sanyi Temple and other tourist attractions. Since the Tang Dynasty, the art of inscriptions has become a major cultural feature of Wuhou Shrine. In Wuhou Shrine, there are more than 50 tablets, respectively engraved in the Tang, Ming and Qing Dynasty and modern times. Tablet of Three Excellences is the representative tablet for its inscription, calligraphy and engraving. Zhuge Liang Hall also known as Jingyuan Hall, whose name was extracted from his letter *To My Son*—one cannot accomplish his goals without peace of mind (非宁静无以致远); Hui Mausoleum, built in 223 AD, is the earliest and the most important scenic spot in Wuhou Shrine, where buried Liu Bei and his two concubines. There is a 12-meter-high mound with a perimeter of 180 meters over it. Sanyi Temple was built to commemorate the pledge of Liu Bei, Guan Yu and Zhang Fei.

Santuario Wuhou de Chengdu

El santuario Wuhou se encuentra en el sur de la ciudad de Chengdu, es el único santuario en China consagrado tanto al señor como a los ministros, y también es el museo de reliquias más influyentes de China de los Tres Reinos. El área escénica se extiende unos 150.000 metros cuadrados y goza de la reputación de "Santuario de los Tres Reinos". El Santuario de Wuhou fue construido en 223 DC y tiene una historia de casi 1.800 años. En 1961, fue catalogado por el Consejo de Estado como uno de los Monumentos de la República Popular China. En 1984, fue formalmente constituido como un museo. En 2006, fue calificado como una atracción turística nacional de nivel 4A por la Administración Nacional de Turismo. En 2008, fue incluido en el rango de Museo Nacional de Grado I por la Administración Estatal de Patrimonio Cultural. El santuario que la gente puede apreciar hoy fue reconstruido en el sitio original en el undécimo año del emperador Kangxi (1671). El vestíbulo del santuario fue construido como el templo Hanzhaolie que conmemora a Liu Bei y otras figuras de Shu Han, y la sala trasera es el verdadero Santuario Wuhou que conmemora a Zhuge Liang. Es precisamente debido a este patrón arquitectónico que Wuhou viene a ser el único santuario chino consagrado tanto al

monarca como a los ministros.

El Santuario Wuhou tiene tres grandes excelencias: el salón de Liu Bei, el salón de Zhuge Liang, y el mausoleo de Huiling; además del templo de Sanyi y otras atracciones.

武侯祠

武侯祠は成都市の南に位置し、中国で唯一の君臣が合祀されている最も名高い蜀漢の英雄の記念地であり、中国で最も有名な三国時代遺跡博物館である。全体は15万平方メートルを占め、「三国聖地」の誉を有している。武侯祠は西暦223年に建てられ、今日までに既に1800年の歴史を有している。1961年、中華人民共和国国務院によって全国重点文物保護単位に認定され、1984年には博物館として開かれた。2006年には国家観光局によって4A級風景名勝区と認められ、2008年には国家文物局から国家一級博物館に認定された。今日、我々が見るところの祠廟は清の康熙11年（西暦1672年)に再建されたものである。前殿は劉備及び蜀漢の文臣と武将を記念する漢昭烈廟であり、後殿は諸葛亮を記念する武侯祠となっている。このような

建築様式により、成都武侯祠は中国唯一のの君臣合祀の祠廟と認められる。その他、武侯祠には三絶碑、劉備殿、諸葛亮殿、恵陵、三義廟等の見所を有している。

무후사

무후사 (武侯祠) 은 성도시 남면에 위치하고 중국에서 유일한 군신합사사묘 (君臣合祀祠庙) 이며 가장 유명한 촉한영웅기념지 (蜀汉英雄记念地) 이자 전국에서 가장 큰 영향을 미친 삼국 유적지 박물관이다 . 관광지의 전체 면적은 15 만평방미터이고 ' 삼국성지 (三国圣地)' 라는 아름다운 칭호가있다 . 무후사는 기원 223 년에 지어져 지금으로부터 거의 1800 년의

역사가있다 .1961 년에 국무원 (国务院) 에서 최초의 전국중점문물보호단위 (全国重点文物保护单位) 로 선정되었고 1984 년에 박물관을 정식적으로 설립했으며 2006 년에 국가 관광국에 의해 4A 급관광지로 선정되었고 2008 년에 국가 문물국에 의해 최초의 국가 1 급 박물관으로 선정되었다 . 사당안의 건축은 청나라강희 (清康熙) 가 11 년에 원래의 장소에서 재건한것이다 . 전전 (前殿) 은 유비 (刘备) 와 촉나라의 문신과무장 (文臣武将) 을 기념하는 한소열묘 (汉昭烈庙) 이다 . 뒷전 (后殿) 이야말로 제갈량을 기념하는 무후사이다 . 바로 이런 건축구조로 인해 성도의 무후사는 전국에서 유일하게 군신제사당이 되었다 . 무후사는 삼절비 (三绝碑), 유비전 (刘备殿), 제갈량전 (诸葛亮殿), 혜릉 (惠陵), 삼의묘 (三义庙) 등 관광지가 있다 .

安岳石刻

安岳石刻位于四川省资阳市安岳县境内，分布于全县4个区32个乡，县境内文物古迹众多，尤以石刻著称于世。具有一定规模的石刻点就有300余处，石刻造像达10万余尊，其中有全国重点文物保护单位2处，省级文物保护单位6处。安岳县是目前我国已知的中国古代佛教造像遗址最集中的县，其中尤以唐代造像的宏伟和两宋造像的精美著称于世，在中国石刻艺术史上具有上承云冈、龙门，下启大足石刻的地位。2000年被文化部授予"中国石刻之乡"称号。安岳石刻现已被列入"世界文化遗产后备目录"清单。

安岳石刻开凿于南梁武帝普通二年（521年），盛于唐宋两代，延续至明清直到民国，具有古、多、精、美的特点。安岳石刻年代久远，据历史记载，它在南北时期开始兴起，并且在唐宋时期达到顶峰，距今已有1300多年历史。全县有摩崖石刻造像105处，造像10万尊左右，经文40余万字，至今保存较完好并具有一定规模和文物价值的石刻45处。石刻以佛教造像为主，也有少数道教造像和儒、释、道三教合龛造像，它也体现出各个时代人们的主流信仰。石刻的内容丰富，从不同角度反映古代社会和世俗生活的风貌；雕工精细，生动而富有情趣，千姿百态。

安岳石刻除少数遭受自然、人为破坏妆彩外，大部分保存完好，特别是宋代造型更是达到中国石刻艺术的巅峰，具有很高的观赏价值。

Anyue Stone Carvings

Anyue Stone Carvings are located in Anyue County, Ziyang City, Sichuan Province, distributed in 32 towns in 4 districts of the county. Anyue, with many cultural relics and historic sites, is especially known for its stone carvings. There are more than 300 stone carvings on a certain scale and more than 100,000 stone sculptures, including 2 national key cultural relics protection units and 6 provincial cultural relics protection units. Anyue is the county concentrated with the most of the known ancient Buddhist statues in China, especially the magnificent statues of the Tang Dynasty and the exquisite statues of the Song Dynasty. In 2000, Anyue was awarded the title of "The Hometown of Stone Carving in China" by the Ministry of Culture. Anyue Stone Carvings are now on the tentative list of World Cultural Heritage sites.

Anyue Stone Carvings began in the second year during the reign of Emperor Wu of the Southern Liang Dynasty, flourished in the Tang and Song Dynasties and lasted until the Ming and Qing Dynasties and the Republic of China. They were ancient, diverse, refined and beautiful. According to historical records, Anyue stone carvings have a history of more than 1,300 years, which originated in the Northern and Southern Dynasties and reached the peak in the Tang and Song Dynasties. There are 105 cliff stone carvings in the county, about 100,000 statues, more than 400,000 characters of scriptures, and 45 well-preserved stone carvings with a certain scale and cultural relic value. The stone carvings are mainly Buddhist statues, but there are also a few niche that contains Taoism, Confucianism and Buddhism statues, which reflects the beliefs of people of different ages. The stone carvings with rich content, reflect the ancient society and secular life style from different angles. Additionally, they are exquisite, vivid and lifelike.

A small number of Anyue Stone Carvings have suffered natural and man-made damage, but most of them have been well preserved, especially the model in the Song Dynasty, which reaches the pinnacle of Chinese stone carving art and has a high ornamental value.

Las Tallas de Piedra de Anyue

Las tallas de piedra de Anyue se encuentra en el condado de Anyue, de la ciudad de Ziyang, provincia de Sichuan, y se hallan dispersas por 32 municipios en 4 distritos del condado. El patrimonio cultural del condado es abundante: hay más de 300 sitios de tallas de piedra de cierto tamaño, y más de 100.000 estatuas talladas en piedra, incluidos 2 monumentos de la República Popular China y 6 reliquias culturales con rango de protección provincial. El condado de Anyue tiene la mayor concentración de estatuas budistas antiguas de toda China. Recibió oficialmente la distinción como "Ciudad natal de las tallas de piedra chinas" por el Ministerio de Cultura en 2.000 y ha sido incluido en la lista de sitios del patrimonio cultural mundial. La talla de piedra de Anyue fue practicada desde las dinastías del sur (521 DC) y floreció especialmente en las dinastías Tang y Song. Continuó durante las dinastías Ming y Qing hasta la presente República de China. Es antigua, variada, refinada y hermosa: con su larga historia de más de 1.300 años, se ha desarrollado en diferentes dinastías y ha tenido una rica evolución de estilos, si bien alcanzó su cumbre en las dinastías Tang y Song. Las cerca de 100.000 estatuas del distrito tienen también más de 400.000 palabras inscritas. Hay 45 conjuntos tallados en piedra de cierto tamaño y bien conservados, basados sobre todo en motivos

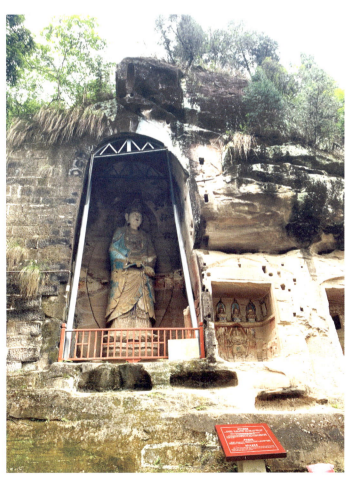

budistas, pero también taoístas y confucianos. El contenido es muy rico, lo que refleja la sociedad antigua y la vida cotidiana de entonces desde diferentes ángulos; y las tallas son exquisitas, vívidas e interesantes en diferentes poses y con diferentes expresiones. Excepto por algunas que han sufrido daños naturales o provocados por el hombre, la mayoría de ellas están bien conservadas y tienen un alto valor, especialmente las del estilo de la dinastía Song, que alcanza la cumbre del arte en las grutas chinas.

安岳石刻

安岳石刻は、四川省資陽市安岳県内の4つの区、32の郷に分布している。安岳県内には古蹟が多く、中でも石刻が世に名高い。県内には、大きな石刻は300箇所以上があり、彫塑10万個余りがある。その中でも、国重要文化財が2箇所あり、省級重要文化財が6箇所ある。安岳県は、中国古代佛教彫塑や遺跡が最も集中している県であり、2000年に中国文化部から「中国石刻の郷里」の称号を受け、かつ世界文化遺産予備目録に列せられた。

安岳石刻は南梁の武帝普通2年（西暦521年）に開鑿され、唐、宋の2つの時代に盛んとなり、明、清にも続き、中華民国にも到った。その古さ、多さ、精巧さなどの特徴が世に名高い。歴史の記載によれば、南北朝時代に起こり、かつ、唐、宋には頂点に達し、今日に至るまで、既に1300年余の歴史を有している。安岳県内では崖に刻んだ石刻彫塑が105箇所あり、教典は40万字余りがある。今日に至るまで、比較的良く保存され、かつ規模と重要文化価値のある石刻は45箇所ある。彫塑は主に仏教を主題とし、内容が豊富で、種々の角度から、古代社会と世俗生活の風貌を反映している。彫塑は精細で、生き生きとしており、情緒に富んでいる。安岳石刻は少数的な自然または人為的破壊を免れ、比較的に完全に保存されている石刻である。特に、宋代の石刻は中国石刻芸術の頂点に達し、極めて高い観賞価値を有している。

안악석각

안악석각 (安岳石刻) 은 사천성자양시안악현경내 (四川省资阳市安岳县境内) 4 개구 32 개향에 위치하고 현내에는 문물고적이 많으며 특히 석각으로 유명하다 . 그중에서 전국중점문물보호단위 (全国重点文物保护单位) 는 2 곳 , 성급문물보호단위 (省级文物保护单位) 는 6 곳이다 .2000 년 문화

부에 의해 ' 중국석각의고장 (中国石刻之乡)' 이라는 칭호 를 받았다 . 안악
석굴은 이미 세계문화유산예비목록 (世界文化遗产后备目录) 에 들어갔다 .
안악석각은 남양무제 (南梁武帝) 보통 2 년 (기원 521 년) 에 시작되어 당
나라와 송나라 두시대에 흥행했고 . 명나라와 청나라를 거쳐 중화민국까지
계속되었고 고 (古), 다 (多), 정 (精), 미 (美) 의 특징을 가지고있다 . 역
사 기록에 의하면 남북시대에 유행하기 시작했고 당나라 , 송 나라 시대에
정봉 (顶峰) 에 도착했는데 지금까지 1300 년의 역사를 가지고 있다 . 전현
에는 마애석각조각상 (摩崖石刻造像)105 곳이 있고 경문 40 여만자를 가
지고 있다 . 현재 보존 상태가 양호하고 일정한 규모과 문화재 가치가 있는
석각은 45 곳이다 . 석각은 불교조상을 위주로하고 내용이 다양하며 다양한
측면에서 고대 사회와 풍속 생활의 모습을 나타냈다 . 조각이 정세와 생동
감이 있고 정취가 넘치며 천태만상이다 . 안악석각은 소수의 자연이나 인위
적으로 파괴되는것을 제외하고 상대적으로 완전하게 보존되어 있다 . 특히
송나라 시대의 석각은 중국 석각 예술의 정점에 이르러 매우 높은 감상 가
치를 가진다 .

泸州老窖旅游区

泸州老窖旅游区位于四川省泸州市江阳区，是泸州老窖股份有限公司斥巨资打造的旅游精品旅游区。旅游区把两处"国宝"级景点作为旅游线灵魂，一处为物质文化遗产——全国重点保护文物1573国宝窖池群；另一处为国家级非物质文化遗产——泸州老窖酒传统酿制技艺。1996年12月，泸州老窖旅游区经国务院批准为行业首家全国重点文物保护单位；景区现为国家4A级旅游景区。

中国白酒共有12种香型，其中浓香型、清香型、酱香型、米香型是基本香型，它们独立地存在于各种白酒香型之中，其他八种香型是在这四种基本香型基础

上，以一种、两种或两种以上的香型，在工艺的糅合下形成了自身独特工艺，从而衍生出来的香型。

泸州老窖是浓香型大曲酒的典型代表，被尊为"酒中泰斗、浓香正宗"，这里的1573国宝窖池群是行业唯一的"活文物"，因此"国窖1573"酒也就成为中国白酒鉴赏标准级酒品。

泸州老窖开放式操作的工艺特点铸就了它制曲和酿酒微生物的纷繁复杂。泸州温和的气候孕育出独特的农作物品质及微生物类群，对主要以泸州本地

软质小麦作为原料的曲药和以泸州本地糯红高粱为原料的泸州老窖酒的生产有着显著的影响；同时，泸州老窖酿造用水，历史上取用龙泉井水，有利糖化和发酵。生产酿酒采用长江水，是大曲酒酿造的优质水源。正是这两大独特之处，共同营造出"国窖1573"酒"无色透明、窖香幽雅、绵甜爽净、柔和协调、尾净香长"的风格特点；以及泸州老窖特曲（原泸州大曲酒）"窖香浓郁、饮后尤香、清冽甘爽、回味悠长"之浓香正宗。

Luzhou Laojiao Tourism Zone

Luzhou Laojiao Tourism Zone is located in Jiangyang district, Luzhou City of Sichuan Province. Luzhou Laojiao Co., Ltd has invested a huge amount of money to make it a high-quality tourism area. It has two well-known tourist spots: one is the tangible cultural heritage—the Cellars of National Treasure 1573; The other is national intangible cultural heritage—the traditional Baijiu-making technique of Luzhou Laojiao. In December 1996, Luzhou Laojiao Tourist Zone was approved by the State Council as the first national key cultural relic protection units in its field. Now, it is a national 4A-level tourist attractions.

Chinese Baijiu (Chinese white liquor) has 12 flavors. The basic 4 flavor types include strong-flavor liquor, mild-flavor liquor, sauce-flavor liquor and rice-flavor liquor. The other 8 types are variants based on those 4 types.

Luzhou Laojiao, the representative of strong-flavor liquor, is one of the Chinese leading liquors. The Cellars of National Treasure 1573 are awarded as the only "living cultural relics". Therefore, National Cellar 1573 (one kind of Chinese spirit fermented in the Cellars of National Treasure 1573) has become the standards in the production and inspection of the Chinese liquors.

The open operation technique of Luzhou Laojiao makes it complicated to make yeast and brew microorganism. The mild climate of Luzhou cultivated unique crops glutinous red sorghum and microbial groups, which has a significant impact on the brewing of Luzhou Laojiao liquor. At the same time, Luzhou Laojiao has historically used Longquan well water for brewing, which is favorable for saccharification and fermentation. The Yangtze river water is high-quality water for brewing liquor with Dagu (a yeast for making hard liquor). Therefore, National cellar 1573 is clear, aromatic, refreshing, mellow and has a lasting aftertaste, so is the Luzhou Laojiao Tequ (the another liquor brand of Luzhou).

El área turística de Luzhou Laojiao

El área turística de Luzhou Laojiao se encuentra en el distrito de Jiangyang, ciudad de Luzhou, provincia de Sichuan. Es una zona turística construida por Luzhou Laojiao Co., Ltd., en la que cabe destacar el patrimonio cultural material, las reliquias culturales clave con protección nacional, las bodegas nacionales de 1573 y el patrimonio cultural inmaterial nacional; además del arte enológico del licor chino Luzhou Laojiao. En diciembre de 1996, el Área de Turismo de Luzhou Laojiao fue incluida por el Consejo de Estado en la primera unidad Monumentos de la República Popular China y también es ahora una atracción turística nacional de nivel 4A.

Hay 12 tipos de licor chino, y los 4 tipos de sabores básicos incluyen licor de sabor fuerte, licor de sabor suave, licor de sabor a salsa y licor de sabor a arroz; los otros ocho tipos se derivan de estos cuatro tipos básicos. Luzhou Laojiao es el representante del licor Daqu de fragancia fuerte, y la bodega nacional 1573 constituye todo un estándar en la apreciación del licor chino. El clima templado de Luzhou genera la peculiaridad de un cultivo con microorganismos únicos, lo que tiene un impacto significativo en la producción de Luzhou Laojiao. En la antigüedad, se utilizaba el agua especial del pozo Longquan para la elaboración de Luzhou Laojiao, y ahora se utiliza el agua del río Yangtze, que es una fuente de agua de alta calidad para el tipo de licor Daqu. En síntesis, al licor de la bodega nacional 1573 se lo califica como transparente, dulce, refrescante, suave. El Luzhou Laojiao Tequ es fuerte, claro y con un largo retrogusto.

瀘州老窖風景区

　瀘州老窖風景区は四川省瀘州市江陽区に位置し、瀘州老窖株式会社によって投資され、建設された風景区である。風景区は国重要文化財「1573国宝窖池群」と無形文化遺産「瀘州老窖酒伝醸成技術」の2つを有する。1996年12月、瀘州老窖風景区は国務院の批准を経て、業界初の国重要文化財保護単位に認定され、現在国家4A級の風景名勝区となっている。中国の白酒は12種類の香型があり、濃香型、軽香型、醤香型、米香型の4つの基本香型と、こ基礎の上で生み出されて来た8種の香型がある。瀘州老窖は濃香型大曲酒の典型的代表であり、その上級のブランド「国窖1573」という酒は現在中国の白酒の鑑賞の基準となっている。瀘州の温和な気候は独特な農作物の品質と微生物を産み、瀘州老窖の品質に対し、顕著な影響を与えている。かつて、瀘州老窖の水は龍泉井水を用いた。現在、酒の醸造で大曲酒醸造には優良な水源となる揚子江（長江）の水を用いている。これにより、「国窖1573」は「無色透明で、香りは幽雅、柔らかくて甘い上にさっぱりとし、柔和で協調的、しかも口中にて味が長く楽しめる」といった風格の特徴を有している。その他、瀘州老窖特曲（瀘州大曲酒）は「香りは芳しく、飲後には良く香り、さっぱりと甘く、味が長く続く」濃香酒である。

노주노교관광지

노주노교（泸州老窖）관광지는 사천성노주시강양구（四川省泸州市江阳区）에 위치하고 있다. 노주노교주식회사（泸州老窖股份有限公司）가 거액을 들여 만든 관광지다. 관광지는 국가의 중요한 문화 재산인 '1573 국보교지군（1573 国宝窖池群）'과 무형 문화 유산인 '노주노교 전통 양조 기술（泸州老窖酒传统酿制技艺）'로 나뉜다. 1996 년 12 월에 노주노교 관광지는 국무원（国务院）의 비준을 받아 업계 최초의 전국중점문물보호단위（全国重点文物保护单位）가 되었고 관광지는 현재 국가 4A 급 관광경구가 되었다. 중국 소주에는 모두 12 가지 종류가 있는데 그중에서 농향형（浓香型）, 청향형（清香型）, 장향형（酱香型）, 미향형（米香型）은 기본

적인 향기형이다 . 그들은 각종 백주 향기 형에 독립적으로 존재하고 다른 8 가지 향은 이 네가지 기본적인 향기형을 바탕으로 파생된 향기형이다 . 노주노교는 농향형대곡주 (浓香型大曲酒) 의 전형적인 대표로 그의 고급브랜드인 ' 1573 국보교지 (1573 国宝窖池)' 의 술은 현재 중국 소주 감상의 기준이다 . 노주의 온화한 기후는 독특한 농작물 품질과 미생물군을 발생시켜 노주의 품질에 현저한 영향을 끼쳤다 . 노주노교의 물은 용천우물 (龙泉井水) 을 사용했다 . 술을 생산하는데 장강의 물을 사용했고 장강은 대곡주을 생산하는데 우수한 수원이 되었다 . 따라서 ' 국교 1573 ' 은 ' 무색투명 , 교향이 깊고 그윽하며 (窖香幽雅), 달콤하고 상큼하며 , 부드럽고 조화로운 마무리 향기가 길다 ' 는 특징을 가지고 있다 . 한편 노주노교특곡 (원 노주노교대곡주) 는 향이 좋고 마시면 향기가 좋으며 달고 맛이 좋다 ' 는 향이 강한 정통적이다 .

泸沽湖

泸沽湖位于四川省凉山彝族自治州盐源县与云南省丽江市宁蒗彝族自治县之间,湖面海拔约2690.75米,面积约48.45平方千米。泸沽湖平均水深45米,最深处达93米;湖水清澈蔚蓝,透明度高达11米。它是四川省的第一大天然淡水湖,被誉为我国西南高原上的一颗诱人的"高原明珠"。

泸沽湖四周青山环抱,湖岸曲折多湾,湖中散布着5个全岛、3个半岛,高出水面15至30米,其中,宁蒗一侧的黑瓦吾岛、里务比岛和里格岛,是湖中最具观赏和游览价值的三个景点,被誉为"蓬莱三岛"。

在湖的北岸,屹立着一座秀丽的"格姆"山,汉语的意思是女神山,摩梭人把它视为女神的化身。这里的一山一水,一草一木,都被赋予女性形象的神话,孕育出了当代名副其实的"女儿国"。

摩梭人世代生活在泸沽湖畔,至今仍保留着由女性当家和女性成员传宗接代的母系大家庭以及"男不婚、女不嫁"的母系氏族婚姻制度(俗称"走婚")。

泸沽湖将自然景观和人文景观融为一体,尤其是摩梭人独特的文化和民族风俗,使其具有独特而丰富的内涵,在全国乃至全球都是不可替代的世界文化遗产。

Lugu Lake

Lugu Lake is located between Yanyuan County of Liangshan Yi Autonomous Prefecture, Sichuan Province and Ninglang Yi Autonomous County of Lijiang

City, Southwest China's Yunnan Province. The lake is 2,690.75 meters above sea level and covers an area of 48.45 square kilometers. The average depth of Lugu Lake is 45 meters, and its deepest depth reaches 93 meters. The water is clear and

blue with a transparency of up to 11 meters. Lugu Lake is the largest natural freshwater lake in Sichuan Province, known as a "pearl" on the southwest plateau of China.

Lugu Lake is surrounded by green hills, with winding lakeshore. There are 5 islands and 3 peninsulas on the lake, 15 to 30 meters above the water. Among them, Heiwawu Island, Liwubi Island and Lige Island are three scenic spots with unique natural landscape, which are known as "three islands of Penglai" (Penglai island is a poetic and picturesque place where eight immortals lived in Chinese mythology).

On the north side of the lake stands the beautiful Gemu mountain, which means goddess mountain in Chinese. It is regarded by the Mosuo people as the incarnation of a goddess. Everything in the mountain is personified as woman, so this place is also called "the Kingdom of Women".

The Mosuo people of the Naxi nationality have lived in Lugu Lake for generations. They still maintain the matriarchal marriage system (known as mandarin "zouhun" or walking marriage), in which women support the family and property is held by women and passed from mother to daughter.

Lugu Lake is endowed with natural landscapes and cultural heritage. The unique culture and ethnic customs of the Mosuo people there are irreplaceable cultural heritage in China and even the whole world.

Lago Lugu

El lago Lugu se encuentra entre el condado de Yanyuan en la provincia de Sichuan y el condado de Ninglang en la provincia de Yunnan. El lago está a unos 2.690,75 metros sobre el nivel del mar y cubre un área de 48,45 kilómetros cuadrados. La profundidad media del lago es de 45 metros y el lugar más profundo tiene 93 metros. Es el lago natural de agua dulce más grande de la provincia de Sichuan. El Lugu está rodeado de verdes colinas, y su orilla es muy amena y llena de rodeos. Hay cinco islas y tres penínsulas dispersas en el lago. La isla Heiwawu, la isla Liwubi y la isla Lige son las atracciones más visitadas. Se las conoce como las "Tres Islas de Penglai". Al Lugu también se le conoce como el "reino de las mujeres". Los Mosuos que viven a orillas del lago todavía conservan el carácter matriarcal de la familia (las mujeres son las cabezas de familia y la línea de transmisión es femenina) y el sistema de matrimonio del clan.

瀘沽湖

瀘沽湖は四川省涼山イ族自治州塩源県と雲南省麗江市寧・イ族自治県の間に位置し、湖面の海抜は約2690.75メートル、面積は約48.45平方キロメートル、平均水深は45メートル、最深部は93メートルに達し、四川省最大の天然淡水湖である。瀘沽湖は青山に抱かれ、湖岸は曲折して湾が多く、湖の中には5箇所の島、3箇所の半島が存在し、水面から5から10メートルほどの高さがある。その中の黒瓦吾島、里務比島と里格島は最も有名な見所であり、「蓬莱三島」と讃えられている。地元の少数民族であるナシ族の人々は瀘沽湖の湖畔で生活し、今日に至っても、女性が家の当主となり、母系大家族及び「男はもらわず、女は嫁がず」の母系氏族婚姻制度（走婚と俗称される）を保持しているため、瀘沽湖は「女の国」とも称される。

루구호

루구호 (泸沽湖) 는 사천성 량산 이족 자치주 염원현 (凉山彝族自治州
盐源县) 과 운남성 리장시 닝랑 이족 자치현 (云南省丽江市宁蒗彝族自治县)
사이에 있고 호수 표면은 해발이 약 2690.75 미터이며 면적은 약 48.45 평
방미터이다 . 루구호는 평균 수심이 45 미터이고 가장 깊은 곳은 93 미터에
달하며 호수는 맑고 푸르며 투명도는 11 미터에 달한다 . 사천성의 제일 큰
천연 담수호이다 . 루구호 사방은 청산이 둘러싸이고 호숫가가 구불구불하
며 호수에는 5 개의섬 , 3 개의반도가 분포 되어있고 수면보다 5 - 10 미터
가 높다 . 그중에서 닝랑 옆에있는 헤이와우섬 (黑瓦吾岛), 리무비섬 (里务
比岛) 과 리거섬 (和里格岛) 은 호수에서 가장 감상적이고 관광 가치가 있
는 3 개의 관광 명소로 ' 봉래 삼도 (蓬莱三岛)' 라고 불린다 . 나시족 모소
족은 대대로 루구 호수가에서 살았으며 , 지금도 여성 가족과 여성 구성원
이 대를 잇는 모계 대 가족과 ' 남 불혼 , 여 불시집 (男不婚、女不嫁)' 의
모계씨족 혼인 제도 (속칭 주혼 – 走婚) 가 보존 되어있다 . 루구호 는 ' 여
인 국 (女儿国)' 이라고도 불린다 .

阆中古城

东汉的许慎在《说文解字》中，把阆解释为门高也，即阆中周围的山如高门，城在其中。而古时候把住在城中的居民统称为"良"，因此，门中有良是为阆，阆中就因此得名。另外，在《旧唐书·地理志》中有说，"阆水迂曲，绕经三面"，意思是说嘉陵江绕城三面而过。在古代，人们把嘉陵江水称之为阆水，所以人们又说阆中是因水而得名。

阆中古城在周朝时期是巴国别都，于公元前314年置县，汉朝设巴郡，隋朝时期一度改称为阆内县，宋代以后才称为阆中，历代多为州、郡、府治所，清朝初年作为四川的临时省会达17年之久。阆中古城地处四川盆地北部，嘉陵江中游，东枕大巴山，西倚剑门关，南距成都270千米。这里是古代巴人活动的中心地区，巴国的最后一个国都就定于阆中。大巴山脉、剑门山脉与嘉陵江水系在这里交汇聚结，史学家评价它是"前控六路之师，后据西蜀之粟"，2000多年来，阆中作为"蜀道咽喉"，享有"阆苑仙境""巴蜀要冲"的美誉。1986年它被国务院评为全国历史文化名城之一；2010年，荣获"中国春节文化之乡"的称号；同年，阆中古城又被评为国家5A级景区。阆中古城和山西的平遥古城、云南的丽江古城、安徽的徽州古城一起，并称为"中国四大古城"。整座古城比较完整地保持着唐宋格局、明清风貌，被建筑学家们誉为"中国民间建筑的实物宝库"，有张飞庙、中天楼、贡院等景点。

张飞庙就是古城中最具代表性的景点。历史上，张飞是三国蜀汉的开国功臣、五虎上将之一，是刘备的拜把兄弟。刘备平定益州后，派张飞为巴西太守，领军驻守阆中，达七年之久。他为巩固蜀汉政权，保护阆中一方平安立下了汗马功劳。但不幸的是，张飞在蜀汉章武元年（211年）被部将范强、张达所杀，死后葬于阆中，谥号"桓侯"。 所以张飞庙只是民间称谓，"汉桓侯祠"才是官方称谓；古城阆中的建筑风格体现了我国古代的居住风水观，

棋盘式的古城格局，融南北风格于一体的建筑群，形成了"半珠式"、"品"字形、"多"字形等风格迥异的建筑群体，是中国古代建城选址"天人合一"的典型范例。在阆中现存的楼阁中，华光楼建造年代最早，也最雄伟壮观。它在一大片低矮的古城居民区中拔地而起，显得气宇轩昂，极富古典建筑的特色，有"阆苑第一楼"的美名，现在是四川省重点文物保护单位；古代的考场之所以叫"贡院"，就是通过考试选拔人才贡献给皇帝或国家的意思。川北贡院考棚具体建于何时，已经没有了确切记载，但从现有的文献来看，最早可以追溯到明朝嘉靖时期。到了清朝初期这里还是四川省举行省级考试——乡试的考场。在我国现存的四大贡院当中，川北贡院是目前全国唯一能够看到全貌的中国古代乡试贡院。

Langzhong Ancient City

The word "Lang" (阆), according to *Shuowen Jiezi* which is the first Chinese dictionary compiled by Xu Shen, means that Langzhong is surrounded by wall-like

mountains. In ancient times, the residents living in the city were collectively called "良" (Liang). Therefore, "良" in the "门" (gate) is "阆" (Lang), hence the name "阆中" (Langzhong). In addition, in the *Journal of Chinese Historical Geography*, it is said that "the water of Lang curved away, and Lang is surrounded by waters on three sides", as the Jialing River passes around the city on three sides. In ancient times, the water of Jialing River was called water of Lang, so some people said that Langzhong was named after the water.

Langzhong Ancient City was the capital of Ba Kingdom in the Zhou Dynasty.

It became a county in 314 BC and a prefecture in the Han Dynasty. It was renamed as Langnei County in the Sui Dynasty and was called Langzhong only after the

Song Dynasty. It was ruled by states, counties and prefectures in different dynasties. In the early Qing Dynasty, it had been the temporary capital of Sichuan Province for 17 years. Langzhong Ancient City is located in the north of Sichuan Basin and the middle reaches of Jialing River, with Daba Mountain in the east, Jianmen Pass in the west and 270 kilometers away from Chengdu in the south. This was also the center of ancient Ba people's activities, and the last capital of Ba Kingdom. Langzhou connects the Daba Mountains, the Jianmen Mountains and the Jialing River, so it is regarded as "the fortress and granary of ancient Shu Kingdom" by the historians. For more than 2,000 years, Langzhong is regarded as "the throat of the Shu Road" and has enjoyed the reputation of being a "fairyland" and "the fortress of Bashu area". In 1986, it was named one of the national historical and cultural cities by the State Council. In 2010, it was awarded the title of "the hometown

of Chinese Spring Festival culture"; in the same year, it was rated as a national 5A-level scenic spot. Langzhong Ancient City, together with Pingyao Ancient City in Shanxi province, Lijiang Ancient City in Yunnan province and Huizhou County in Anhui province, is called "Four Ancient Cities of China". The whole ancient city maintainf the pattern of the Tang and Song Dynasties, and the style of the Ming and Qing Dynasties, and was praised by architects as "the tangible heritage of Chinese folk architecture", which includes Zhang Fei Temple, Zhongtian building, Gongyuan and other scenic spots.

Zhang Fei Temple is the most representative scenic spot in this ancient city. Historically, Zhang Fei was a general and one of the five heroes (Guan Yu, Zhang Fei, Ma Chao, Huang Zhong and Zhao Yun) of Shu Kingdom in the Three Kingdoms period, and Liubei's sworn brother. After Liu Bei pacified Yizhou, Zhang Fei was appointed governor of Baxi prefecture to garrison Langzhong for seven years. He made great contributions to consolidating the regime of Shu Kingdom and protecting Langzhong. But unfortunately, Zhang Fei was killed by Zhang Da and Fan Qiang in the first year of the reign of Emperor Liu Bei. He was buried in Langzhong after his death, and his posthumous title was "Huan Hou". Therefore, Zhang Fei Temple is only a folk name, and "Han Huan Hou Temple" is the official appellation. The architectural style of Langzhong ancient city embodies fengshui, the traditional Chinese study of geomancy. The checkerboard pattern of the ancient city and the architectural complex, which integrated the north and south styles, formed different shapes such as "banzhu（半珠）", "pin（品）" and "duo (多)", which is a typical example of "the unity of nature and man" in terms of selecting the site of ancient city of China. Among the existing pavilions in Langzhong, Huaguang Building is the earliest and most magnificent, standing out in a low-lying residential area of the ancient city. This magnificent and ancient building has now been regarded as the No. 1 architecture in Langzhong and a key cultural relic protection unit in Sichuan Province.Gongyuan (the imperial

examination hall) selected talents through examinations to contribute to the emperor or the country. Although there is no exact record about the origin of Langzhong Gongyuan, it can be traced back to the Jiajing period of the Ming Dynasty based on the existing literature. In the early Qing Dynasty, it was also the imperial examination hall for the provincial-level examination in Sichuan Province: Xiangshi (Xiangshi refers to the primary level of the formal imperial examinations, which was held in prefectural city). Among the four existing Gongyuan in China, Langzhong Gongyuan is the only well-preserved one that reproduces the scene of Xiangshi in ancient China.

La ciudad antigua de Langzhong

La ciudad antigua de Langzhong se encuentra en la parte norte de la cuenca de Sichuan, en el curso medio del río Jialing, al este de la montaña Daba, al oeste de Jianmenguan y a 270 kilómetros al sur de Chengdu. Conocida durante más de 2.000 años como la "garganta del camino de Shu", Langzhong tiene la reputación de ser la "Maravilla de Langyuan" y el "centro de Bashu". En 1986, fue calificada como una de las ciudades históricas y culturales a nivel nacional por el Consejo de Estado; en 2010, recibió el título de "Ciudad natal de la cultura del festival de primavera chino"; en el mismo año, la ciudad antigua de Langzhong se convirtió en una atracción turística nacional de nivel 5A. Junto a la ciudad antigua de Pingyao en Shanxi, la ciudad antigua de Lijiang en Yunnan y el condado de Shexian en la provincia de Anhui, se las conoce como las "cuatro ciudades ancestrales de China". Toda la ciudad antigua mantiene el patrón de las dinastías Tang y Song, y el estilo de las dinastías Ming y Qing. Es alabada por los arquitectos como "la verdadera casa del tesoro de la arquitectura popular china" y tiene atracciones como el templo Zhangfei, el edificio Zhongtian, el Gongyuan y otros lugares pintorescos.

阆中古城

　阆中古城は四川盆地北部に位置し、嘉陵江中流域にあり、東は大巴山を枕とし、西は剣門閣と連接し、成都から南へ270キロメートルの距離である。二千年来、阆中は「蜀道の喉元」として、「阆苑仙境」、「巴蜀の要衝」の誉を有して来た。1986年、国務院から全国歴史文化名城と認定された。2010年、「中国春節文化の郷」と認められ、同年、阆中古城は国家5A級風景名勝区と認定された。阆中古城は山西省の平遥古城、雲南省の麗江古城、安徽省の歙県と並び、「中国四つの古城」とも称せられる。古城は唐と宋の時代の町並み、及び明と清の時代の建築を保っており、建築学の専門家たちに「中国民間建築の実物の宝庫」と讃えられ、張飛廟、中天楼、貢院等の見所を有している。

　낭중고성

　낭중고성 (阆中古城) 은 사천분지 북부 , 가릉강 중류 , 동쪽은 버스산에 위치하고 서쪽은 검문관에 있으며 남쪽은 성도에서 270 킬로미터 떨어져 있다 .2000 년동안 낭중은 ' 촉도 목 (蜀道咽喉)' 으로써 ' 낭원 선경 (阆苑仙境)', ' 파촉의 요충지 (巴蜀要冲)' 이라는 아름다운 칭호를 누리고 있다 .1986 년에 국무원 (国务院) 에서 전국역사문화도시 (全国历史文化城市) 중 하나로 선정 되었고 2010 년에 ' 중국춘절문화의 고장 (中国春节文

化之乡)' 이라는 칭호를 수상했으며 같은 해에 낭중고성은 국가 5A 급 관광지로 선정되었다 . 낭중고성은 산시평요고성 (山西平遥古城), 운남성리장고성 (云南的丽江古城), 안휘써현 (安徽的歙县) 과 함께 ' 중국 4 대고성 ' 이라 고 불린다 . 고성 전체가 당나라 , 송나라의 구조를 비교적 온전하게 유지하고 명나라 , 청나라의 모습은 건축 학자들에 의해 ' 중국 민간 건축의 실물 보물창고 ' 라고 불렸고 장비묘 (张飞庙), 중천루 (中天楼), 궁원 (贡院) 등 관광지가 있다 .